AF414122

UN ASESINATO EN LA PENSIÓN DE LA PACA

(PARA OBRA DE TEATRO)

Un asesinato en la pensión de la Paca
Vicente Royo Calahorra
ISBN papel 978-84-686-0927-0
ISBN ebook 978-84-686-1038-2
Editado por Bubok Publishing S.L.
Impreso en España

UN ASESINATO EN LA PENSIÓN DE LA PACA

Vicente Royo Calahorra

OBRA DE TEATRO EN DOS ACTOS

PERSONAJES

—INSPECTOR DE POLICÍA.

—SUBINSPECTOR DE POLICÍA.

—JEFE SUPERIOR DE POLICÍA.

—PACA, regenta la pensión.

—LA ABUELA, madre de Paca.

—JUAN, inquilino (de origen andaluz).

—MARTÍNEZ, inquilino (el de mayor edad).

—LOLA, inquilina (apasionada).

—GAUDENCIO (el inquilino más joven).

—JOSEFINO, inquilino inseparable de Urtain.

—URTAIN, inquilino inseparable de Josefino.

Dedicado a mi madre, Ana Calahorra Tierra

PRÓLOGO

La acción se desarrolla en el interior de una vieja pensión ubicada en el casco viejo. Acaba de tener lugar un asesinato en la sala de estar-comedor de dicho establecimiento. Todavía de madrugada termina de marchar el personal de la *funeraria La Buena Estrella*, tras el procedimiento correspondiente (levantamiento del cadáver) por parte del juez. La muerta era inquilina de la pensión.

PRIMER ACTO

Es la típica sala de estar amplia de una vieja pensión, que sirve a su vez de distribuidor a otras piezas de la misma: a mano derecha del espectador la puerta de la cocina, de la cual se aprecian los baldosines blancos; y a la izquierda, al fondo, el pasillo que conduce a las habitaciones de los huéspedes. Desde la calle se accede justo a la izquierda, en primer término. (Hay un marco con puerta suspendido.) Quienes entren de la calle lo hacen desde el pasillo de butacas. El fondo (junto al foro) lo ocupa un balcón que da a una calle estrecha (ya que pueden verse los vecinos de enfrente). De la pared junto a éste, cuelga un marco añoso, es la fotografía de un militar barbado, recio, fumando en pipa, disparada durante la última guerra civil. A la derecha una mesa camilla con brasero, donde se juegan solitarios, se hace calceta y se charra… En el centro la mesa española; allí se come, se ve el televisor, se discute en la sobremesa, se escucha radio, se aguarda la hora de cenar, se busca conversación… Y por lo visto se asesina.

(Entra un hombre que viene de la calle; se saluda con otro que ya estaba en la escena de crimen. Son policías, lo llevan escrito en la cara. El subinspector viste una gabardina entre mostaza, sepia y beige, arrugada; maneja en la mano un sombrero de ala corta, juguetea con él al estilo Sinatra, Frank no lo haría mejor. Resopla. No quiere parecer un vulgar policía. El recién llegado, trajeado en azul oscuro casi negro, va de jefe y en efecto es su jefe, inspector jefe de policía. Éste toma asiento en una silla junto a la mesa-comedor. Busca confort. Escucha la conversación que le da el subinspector, calvo por más señas):

SUBINSPECTOR. —¡También es mala suerte que le hayan obligado a poner el pie físicamente en este asunto!; a correr la calle en horas tan intempestivas, y jodiéndole además el viaje a Canarias acompañando a no sé qué autoridades... Le iba a escoltar su señora esposa, ¿no?

INSPECTOR. —Sí. Me iba a acompañar una señora que todavía es mi esposa ¡Qué remedio! Ya sabe, en nuestro bendito país no es fácil... Ahora que, ella ya está allí, no ha querido dejar perder ni un día el alojamiento en régimen de pensión completa... ¡Son tan bonitas las Islas Canarias! (Aparte: «Casi me jode más que me haya tocado en suerte este pesado de guardia en el grupo».

SUBINSPECTOR. —¡Pero existe el *ahí te quedas*, ¿no?! (Juguetea con el sombrero; lo borda: doble salto mortal de sombrero con medio tirabuzón; lo más de lo más).

INSPECTOR. —(Aparte: «¡Ya empezamos!»)... No me líe. Vamos al caso, cuanto antes resolvamos esto mejor. Póngame al corriente de cuanto hayamos averiguado.

SUBINSPECTOR. —No hemos podido ni marcar el cuerpo... Demasiada sangre.

INSPECTOR. —Las cosas nunca son fáciles tratándose de un asesinato. (El subinspector queda anonadado.)

SUBINSPECTOR. —¿Filosofía?

INSPECTOR. —Derecho, estudié derecho...

SUBINSPECTOR. —Sí, estudió derecho; pero ¿le cundía más que echado?

INSPECTOR. —Menos chanza capullo. Voy a tutearte, para eso somos del mismo pueblo. No nos engañemos, tu y yo no nos metimos en el cuerpo para matar el hambre, acaso desertamos del arado. Esto no lo hemos leído, lo sabemos tú y yo... Así que al grano, no me encuentro muy católico esta mañana... Diarreas... de caballo.

SUBINSPECTOR. —(Aparte: «Éste las diarreas las tiene en la cabeza»)... La víctima fue asesinada de dos tiros, no diré que limpios, pues la destrozaron (gesticula la acción). Uno en el pecho a media distancia y otro, el tiro de gracia, en la cabeza, casi a bocajarro.

INSPECTOR. —La banda terrorista, ¿no?

SUBINSPECTOR. —Lo ensayan en los montes del país vecino. No titubean, no piensan; ejecutan, ¡actúan como autómatas, sin principios!

INSPECTOR. —¿Legales?

SUBINSPECTOR. —Apostaría... El asesino, o los asesinos, debió o debieron esperar a que la víctima entrara en al pensión y luego... ¡*pam, pam*!...

INSPECTOR. —Ponle nombre a todo. (Le corta.)

SUBINSPECTOR. —*Okay* compadre. Fernanda llegó tarde. Los demás ya habían cenado. El asesino esperó a que Fernanda terminara de cenar; huevos fritos con salchichas Frankfurt y tomate frito. El asesino conocía que obligatoriamente pasaría a su habitación después de cenar y la sorprendió saliendo de la oscuridad del fondo del pasillo; desde donde efectuó un primer disparo, certero al cien por cien; el remate, el tiro de gracia, resultó superfluo, sobrante, pues con el pecho abierto y el corazón estallado, fue como la prueba del tonto: apagar la luz para ver si estaba encendida... Echó a correr escaleras abajo; entró en un coche ya en marcha, mal aparcado en doble fila, y escaparon a toda pastilla. Emplearon un minuto o minuto y medio, dos tal vez; incluyendo recoger las dos vainas... Se entrenan... (El inspector, incorporándose camina hacia el balcón. Los vecinos de enfrente encienden una luz, curiosean).

INSPECTOR. —Amanece gris sobre fondo gris húmedo. Echo en falta nuestro campo soleado, de luz y claridad cegadora en los agostos secos... Apostaría a que el sol no llega a este balcón, los geranios carmesí languidecen en las macetas... ¿Conocemos algún detalle del coche?

SUBINSPECTOR. —(Aparte: «Conmovedor»)... No. Los vecinos presentes en la pensión a esa hora salieron de sus habitaciones tras los disparos; incluida la posadera y su señora madre. Paralizados por el horror, no acertaron en asomarse a las ventanas ni al balcón. Desde el balcón hubiesen presenciado la fuga del coche como el paso de una procesión de semana santa. Sí que percibieron los saltos, las zancadas bajando la escalera, el portazo y el arranque chirriante del vehículo. El oído nunca falla, alcanza donde no puede verse.

INSPECTOR. —Si nadie vio el coche son conjeturas. ¿Y respecto al arma?

SUBISNPECTOR. —Algo fuera de lo común. Es lo único que no me cuadra en relación a la autoría de la sempiterna banda terrorista; la lacra que seguimos soportando… Dicen que no hay mal que cien años dure; pero este mal parece querer probar el dicho.

INSPECTOR. —En un asesinato todo gira fuera de lo común, ya desde la puesta en marcha.

SUBINSPECTOR. —Se nota que tienes estudios compadre… ¡Cómo hablas!... Los proyectiles salieron de un fusil ametrallador que usaba la Guardia Civil; de cuando la guerra. Hace un momento me lo confirmaron telefónicamente de jefatura, tras pasar por el forense de guardia. Por cierto, arma que está retirada de servicio.

INSPECTOR. —Conozco el fusil ametrallador. Pero tenías razón al mencionarlo: es un arma demasiado aparatosa para cometer este asesinato. La banda terrorista habría utilizado comúnmente una pistola en este caso, dadas las circunstancias… Además de pesado es difícil de ocultar. Las unidades de este tipo de arma se subastaron con el pistón soldado. Aunque, cualquier entendido en armas y que sea un manitas, puede ponerla en funcionamiento… Un armero por ejemplo. (El inspector regresa al asiento.)

SUBINSPECTOR. —O un sargento primero del *cuerpo*.

INSPECTOR. —O un tornero fresador, un chapista, etcétera. Por otra parte no resultaría demasiado dificultoso hacerse con la munición apropiada en viejos cuarteles, allí suelen existir auténticos basureros de munición apartados cuando no olvidados. Ahora que, en el mercado actual este tipo de balas... *rara avis* se me antoja.

SUBINSPECTOR. —¡Ole olé, cómo se nota que tienes estudios!, insisto. (Aparte: «Estos riquitos tienen muchas ínfulas, se creen unos bien paridos»).

INSPECTOR. —Menos guasa o volveremos a tratarnos de usted... ¡Sí, qué pasa, soy hijo adoptado, mis padres adoptivos son de los ricos del pueblo, y me dieron estudios!, así pude ingresar por oposición...

SUBINSPECTOR. —(«Sí, por oposición, con enchufe», por lo bajini).

INSPECTOR. —¿Qué has dicho?... Bueno, vamos a dejarlo. Además, no pienso pedir perdón porque tú seas un chusquero que ya has llegado a lo más alto que puedes llegar en el escalafón y sin embardo yo, un superior a ti, mucho más joven que tú, puedo llegar a comisario, comisario jefe o quién sabe.

SUBINSPECTOR. —¡Eso, quién sabe! ... Tiene razón jefe, vamos a dejarlo estar. Céntrese en la faena... («Céntrese, céntrese», por lo bajini).

INSPECTOR. —¡Si naces más chulo naces botijo campeón!... Las personas que adquirieron este tipo de armas están registradas, así que ya puede ¡usted! menear las tabas... Por lo general cayeron en manos de personas del *cuerpo* o afines al *Movimiento*... ¿Cuántas hipótesis ha sopesado, ¡usted!, respecto al asesinato?

SUBINSPECTOR. —Unas cuantas mi capitán general… Primera: que el asesino fuera completamente ajeno a la pensión, penetrara en el interior por algún procedimiento sencillo y esperase a la víctima. Esta hipótesis quizá sea la menos probable, casi la descartaría. El sistema de alarma es el último grito en tecnología punta… Segunda: cuando la víctima terminó de cenar solamente quedaba una persona más en la mesa; en este caso pudo haber sido cualquier inquilino o inquilinos de la pensión; o bien los que manifiestan que fueron a dar un paseo, uno o varios; o quizá los que quedaron dentro de la pensión, uno o varios, que posteriormente simularan el zapateado brusco en el descansillo y luego ascendieran por la escalera al piso superior, donde aguardó o aguardaron a entrar en medio de la confusión general… Tercera: El asesino conocía a la víctima. La víctima le abrió la puerta; me refiero en el caso de que el asesino sea ajeno a la hospedería; la víctima confiada… En realidad pudo ser cualquiera, lo que necesitamos conocer es el móvil.

INSPECTOR. —Ni parece obra de profesionales ni ajuste de cuentas… Bueno, siempre hay ajuste de cuentas… En fin, ¿ha hablado, ¡usted!, con el personal de la pensión? Antes de hacerlos pasar uno a uno para entrevistarlos, hábleme de ellos, acaso someramente (saca libreta y bolígrafo).

SUBINSPECTOR. —La patrona de la pensión de llama Paca, que es precisamente con el nombre que se conoce a este establecimiento del casco viejo: *La pensión de la Paca*. Es viuda, vive con su madre, la llaman la abuela… a su madre. Chochea… su madre. Alojados fijos hay seis; eran siete con la asesinada, Fernanda. Estos seis… a ver (lee en su libreta). Un tal Juan, en la cuarentena, soltero, tiene acento de *Despeñaperros* para abajo.

Trabaja forrando calderas…. Un tal Martínez, calvo como yo; más capicúa que yo, que ya es decir. Feo de carné, de carné de socio honorífico en un concurso de feos. También en la cuarentena, pero algo más joven que el anterior. Trabaja de administrativo en una industria textil. Lola es una chica descarada; en la treintena. Antes sirvió en casas, luego se colocó en un a tienda de bolsos. Es un tipazo, tiene un cuerpo que ni el de artillería. ¡Demasiada hembra para nosotros!, dos canijos llegados de la meseta… Un tal Gaudencio es el de menor edad, de castilla León… me refiero al inquilino de menor edad en la pensión, no de Castilla León; ¡incluso puede que sea del León!; empleado en la fábrica de bolsos, en la misma empresa que Lola. Fernanda también trabajaba en la empresa de bolsos; era terminadora… hasta que terminó, hace unas horas. Hay un par de voceras que parecen sacados ambos del mismo pueblo; son dos palurdos de aúpa, no hay quien los entienda. Obtienen el jornal de una empresa siderúrgica; parecen desertores del arado, cual dijo de nosotros don usted; destripaterrones autóctonos que llegaron a la urbe desde los montes un poco más tarde que la mayoría, o sea: a destiempo, no como nosotros.

INSPECTOR. —Anda, quédate fuera, ¡tú!, y me los vas pasando de uno en uno por orden de aparición en la libreta. Entretanto les interrogo llamas a jefatura dando las filiaciones y te pones al corriente de vida y milagros de esta gente… Incluida la abuela. Pregúntales…

SUBINSPECTOR. —Ahora me tuteas compadre.

INSPECTOR. —¡Eres más tonto que mis cojones, que llevan treinta y tantos años juntos y aún no se hablan!... Pregúntales lo que se te ocurra, ya sabes: mentira que busca verdad. (El subinspector sale por el pasillo e inmediatamente entra la patrona.)

PACA. —¡Ave María Purísima!... Usted tiene que responder: *sin pecado concebida*, y luego me confieso. O ¿acaso no quiere que me confiese padre policía?

INSPECTOR. —No comprendo el porqué de ese tono jocoso, el asunto es serio. Siéntese por favor... ¿No nota usted humedad? ¿Hay brasero? (caminando entorno a la mesa camilla).

PACA. —Estamos en el norte y no es verano ¡cómo no iba a haber!; además en la parte baja del casco viejo, para más *INRI*. Aquí sestea el sol y no sale a las calles... ¡Será posible que crea que soy sospechosa! Y no sé qué leches me habla de tono jocoso usted. ¡En su casa le entenderán! ¡Usted no está en sus cabales! ¡¿No sé da cuenta de que soy la dueña y este suceso me perjudica?! Para eso la hubiera matado en el parque, y ate usted cabos, ¿no?

INSPECTOR. —Verá usted, cuando se produce un asesinato acometemos diligencias en pos de esclarecer lo sucedido; al inicio de este proceso nadie es sospechoso y todo el mundo lo es en cierto modo. Conforme transcurren las diligencias unos dejan de ser sospechosos y otros no. De modo que por su bien, y si es inocente, coopere respondiendo a mis preguntas. ¿Lista?

PACA. —Adelante... ¿Usted no mira nunca a la cara?

INSPECTOR. —Sobreactúo imitando el estilo de Fernando Rey... ¿Desde cuándo conocía a la víctima?

PACA. —¿Fernanda?... Vino a la pensión a hospedarse, hará un año; dos para Semana Santa. La trajeron Gaudí y Lola; los tres empleados en los bolsos.

INSPECTOR. —Entonces, ¿no la conoció con anterioridad?

PACA. —No, no la conocí anteriormente. Al venir recomendada... no alcahueteé. En las pensiones hay que andarse con ojo; y aun así mire usted, a las pruebas me remito.

INSPECTOR. —¿Cómo calificaría su comportamiento en la pensión?... El de Fernanda, claro.

PACA. —Mire, yo siempre he pensado, que lo mejor que podía hacer como hospedera y patrona de la pensión era no meterme en camisa de once varas; así que realmente no conozco mucho ni de ella ni del resto... En el caso de Fernanda, la verdad, hablábamos poco, lo justo. Callada, no daba guerra ni se hacía entender la pobre, ni sobre la ropa ni sobre la comida. Nosotros aquí somos muy limpios y se come casero.

INSPECTOR. —Más bien quise referirme respecto a los convecinos. No fui suficientemente preciso.

PACA. —¡Ah!... nada, una mosquita muerta, nunca armó jaleo con nadie. La convivencia es difícil, se lo digo yo, huérfana de mutilado de guerra; yo, que aunque soy viuda estuve casada solamente una vez; como el bolero... Aunque sí, una vez solamente tuve que llamarla la atención. Encontré debajo de la cama una maleta con periódico prohibidos; no me refiero a pornografía, eso lo habría pasado por alto, aquí no hay niños.

INSPECTOR. —¿Propaganda subversiva quiere decir?

PACA. —¡Eso!... Debía haber estado en alguna organización... Imagínese, en mi propia casa, hija de un mutilado de guerra, ¡cómo iba a consentirlo!

INSPECTOR. —La puerta de la calle, la del portal, resulta fácil de abrir. ¿Pudo haber entrado alguien ajeno a la pensión? Me refiero a alguien que luego mataría a Fernanda.

PACA. —No creo. A esas horas funciona un antirrobo que solamente los inquilinos pueden desconectar mediante una clave personal. Lo instaló uno que se hospedó aquí, que contrajo matrimonio y se puso un taller de alquiler de herramientas y alarmas. Decía y dice que ese negocio tiene mucho futuro.

INSPECTOR. —¿Cavila en algo que podría interesarme?

PACA. —No. Tampoco imagino el porqué de este horror.

INSPECTOR. —¿Fernanda se llevaba, tal vez, mal con alguien de la pensión?

PACA. —Ya le he comentado que no hablaba mucho. Era una mujer muy reservada, no pasaba del «hola, buenas y adiós».

INSPECTOR. —¿Y el resto se sus clientes son más habladores? Cuénteme algo de ellos. Vamos mujer, colabore. (Abre la libretita donde ha anotado.) Empecemos por Juan.

PACA. —Ya le digo que yo no sé apenas nada de mis clientes... El señor Juan, andaluz, de acento por lo menos, a veces me molesta con tantos requiebros. Estamos los dos en esa diferencia de edad que le permite piropearme; claro que este hombre piropea a todo lo que se menea. Por este motivo me dieron ideas de ponerlo en la calle en más de una ocasión. Yo no estoy para solfas, bastante tengo con lo mío. Pero es un hombre educado que jamás se ha quejado de la comida ni del retrete. (Anota el inspector en la libreta.) Sé que suele jugarse los cuartos a las cartas, eso sí. Cuando gana va de espléndido, invita a todos en el bar de la esquina. Lleva la esplendidez sureña en el sentido. Es amigable y al mismo tiempo un solitario empedernido.

INSPECTOR. —¿Martínez? (lee en la libreta).

PACA. —El cliente ideal para una pensión limpia. Aunque tiene sus rarezas; son cosas personales, yo no me meto. Trabaja en una oficina...

INSPECTOR. —Espere, ¿qué cosas raras son esas?

PACA. —A la oficina lleva el maletín; pero en el maletín le pongo un bocadillo y una pieza de fruta; no porta papeles... Da el pego de ejecutivo... Luego también... alquila señoritas de compañía en festivos y días especiales, las lleva a comer a restaurantes céntricos. Trata a las novias de pega, ¡como un señor, ea!... El más puntual a la hora de pagar el mes, por descontado y no sé... no discute nunca.

INSPECTOR. —¿Lola?

PACA. —Como sea católica, apostólica y romana, va a tener muchas cosas que confesar si aspira a ir al cielo, sobre todo del Mandamiento que usted se imagina y yo me callo... No me mire así, no se haga el longuis, ¿no ha visto lo ajustada que va? Vino a esta ciudad de jovencita dice, no sé bien de dónde, parece un secreto… Anduvo sirviendo en un par de casas, hasta que alguien, algún casado… calcule… La noto con muchas ganas de encontrar novio para marido, o me lo parece. Aquí su comportamiento no levanta sospechas; aunque a mí no me engaña… Busca pareja por conveniencia. Nunca la vi relacionarse con Fernanda. En esto ella también profesa la religión del *hola, buenas y adiós*; al menos con una servidora.

INSPECTOR. —Vamos con un tal Gaudí.

PACA. —Gaudencio, Gaudí. Ese crío me vuelve loca, si no le he echado todavía es porque vino chavalín de un pueblo de León, y me da pena dejarlo en la calle. Es un juerguista y un pulpo. Ni por parte de Fernanda ni por parte de Lola tuve queja directa; sin embargo… ¡Ah, sí!, le llamo a menudo la atención porque sé que caga con los pies encima de la taza del excusado en vez de sentarse; y el guarro es él; todos los marranos son escrupulosos; dice que no puede remediarlo… Una pena de muchacho.

INSPECTOR. —¿Josefino?

PACA. —Josefino es lo mismo que Urtain, y Urtain lo mismo que Josefino, dos aldeanos más de monte, no sé si de choza o de caserío, que bajaron al valle, ya no tan jóvenes, a trabajar en una fábrica a lomo caliente…

(Continúa la conversación sin voz durante un momento. Paca sin mover los pies ni los brazos que mantiene cruzados.)

INSPECTOR. —Bien (supuestamente la interrumpe). Eso es todo. ¡Ah!, le agradezco que me deje la sala de estar para las entrevistas. Mucho más sencillo que hacerles pasar a todos por comisaría. De momento nadie saldrá sin que haya sido entrevistado y después hasta que yo lo diga. Pase por las habitaciones y lo comunique. No obstante pido disculpas por las molestias.

(Sale Paca y entra su madre, la viejecita. Paca hace el gesto típico del índice en los labios a la madre, que «chitón».)

LA ABUELA. —¿Da usted su permiso?

INSPECTOR. —Adelante.

LA ABUELA. —¡Mande!

INSPECTOR. —Que adelante.

(La anciana ocupa asiento junto a la mesa camilla, donde está el costurero. Toma las agujas para hacer calceta y se dispone a continuar la labor: un calcetín.)

LA ABUELA. —¡Supongo que no le importará a usted que haga calceta mientras tanto! Si estoy parada tengo frío. Al mover las manos me siento más abriga. Hasta bien entradas las doce del medio día no enchufamos la calefacción; cuando ya está el piso bien ventilado. ¡Que entre la gracia de Dios! En las pensiones hay mucha humanidad, ¡abunda!... ¿Le importa que haga calceta mientras hablamos?

INSPECTOR. —Ni lo más mínimo... ¿Qué cosa puede decirme de la víctima?

LA ABUELA. —¡¿Cómo dice?! ¿La víctima?

INSPECTOR. —¡Fernanda; ¿qué me dice de Fernanda?!

LA ABUELA. —¡No grite!, que es malo para la sordera… ¡Pobre chica, con lo joven y templada que era!... y escoscada, ¡muy limpia!... Pero a todos nos llega la hora. También a mí me llegará. Mi hija piensa que como soy tan buena tengo ganado el cielo; pero de buena gana me conformaré con el purgatorio… Sí, acogeré de buen grado el purgatorio. A mi pobre Venancio el cáncer lo pillo y lo mató. Yo le ayudo lo que puedo para que esté en buen sitio allá arriba (señala con el dedo); hoy mismo he oído misa en la radio y he tenido durante la misa una vela encendida; y después he rezado un rosario encomendando al Corazón de Jesús su alma; ¡todo por su alma!... El médico le trató como lo que era: ¡mutilado de guerra! ¡Qué tiempos aquellos!, ibas a coger el autobús de línea y las dos primeras plazas reservadas para los mutilados de guerra, ¡ea! ¡Cuánto poderío! Sí, qué tiempos aquellos. Nos dieron un estanco y lo vendimos para comprar la pensión. Como dijo Franco, no hay mal que por bien no venga, y un mutilado de guerra tiene eso: bien que por mal ha venido… Ahora vienen otros tiempos; pero yo sé que son ¡rojos! *El plato que ha tenido queso siempre huele a eso.* ¡Los rojos cambiarán la chaqueta sólo por el momento!... ¿Le aburro?

INSPECTOR. —Vamos al grano… ¿Sospecha de alguien, alguna causa, algún porqué para que este asesinato haya tenido lugar y precisamente en la pensión? ¿Por qué Fernanda? ¿Por qué aquí?, la calle es amplia.

LA ABUELA. —Yo soy tonta; muy mayor; no rijo ya como cuando era joven. Aparte, no sé leer ni escribir. Lo mío es lo de la casa, las cosas de la casa. Limpio el polvo, cocino potaje cuando toca…

y nabo, ¡aquí se come mucho nabo!... Hago los baños con abundante lejía... Por cierto, que aquí ahorramos hasta en lejía, ¡si no de qué manera llegaría el potaje y la pescadilla a fin de mes!... Y nabo... ¡Ah!, y hago labor (enseña la calceta).

INSPECTOR. —Ya, comprendo... ¿Y de su hija qué?

LA ABUELA. —¿De mi hija?... Mi hija tiene más cojones que muchos hombres. A mi hija, ¡ni tocarla! Además mi hija es muy religiosa y no tendría jamás que ver con ninguna muerte... ¡Ay! (suspira) la sombra de un hombre vale mucho en una casa... y más en un hostal. De esto prefiero callarme, no hablo aunque me mande usted a la benemérita o me lo mande el ayuntamiento, ¡ea! No me la juego con mi hija, tiene malos humos cuando la contradicen... No hablo, no hablo y no hablo, ¡ea!

INSPECTOR. —Claro, ¿quién diría otra cosa de una hija?... Hábleme de Juan entonces.

LA ABUELA. —Nunca en mi vida he visto un hombre más simpático. Mi Venancio, que en paz descanse, también era muy gracioso, no paraba de contar chistes. ¡Un guasón enredador!... ¡Cuánto le echo de menos, pobrecito mío! Mutilado de guerra y todo siempre fue un completo galanteador... ¡Ay!, cuánta falta hace la sombra de hombre en una casa. Y cómo se echa en falta.

INSPECTOR. —¡Qué pena!

LA ABUELA. —¿Qué buena? No crea, el santo más santo pecó seis veces en un día, me dijo mi abuela... Yo de buena gana me conformaría con ir al purgatorio de primeras.

INSPECTOR. —¡Oiga, dígame una cosa en confianza, ¿Fernanda se llevaba mal con alguien de la pensión?!

LA ABUELA. —No chille coña, es malo para la sordera… Que sepamos no… Parecía como si tuviera siempre otra cosa metida en la cabeza. Callada, no se enteraba de nada a su alrededor. Mi Venancio sin embargo era muy extrovertido, ¡y guapo, otra! Pocos mutilados de guerra estarían tan jaques como mi Venancio en domingos y fiestas de guardar.

INSPECTOR. —Hábleme de Lola.

LA ABUELA. —¡La Lola…! (con retintín). Pues que Dios me perdone si peco al decirlo; pero es una *pistraca*, una *paniquesa*, una *pelicana*… Mi Paca es muy buena, demasiado; yo la pondría de patitas en la calle… ¡El buen nombre de un establecimiento es lo primero!... y después la limpieza… ¡Una vergüenza!, *tantismos* novios la han catado, y los que no. ¡Siempre insinuándose a los hombres solteros!, hasta devorarlos y si te he visto no me acuerdo; infelices… Cuando la ronda uno formal no le hace caso, aunque sean dos años de agasajos; y luego, el primero que llega y le hace tilín, porque le apetece ¡pam, pam, pam!... ¡Allá hay tomate!; en la habitación de ella; que yo no sé cuántos *butaneros* habrán pasado ¡María Santísima! (Canta por lo bajini imitando a Antonio Molina): *Butanero butanero, prepárame la bombona…*

INSPECTOR. —¿Cómo dice?

LA ABUELA. —Nada, son cosas mías; aunque llevo la pena de mi Venancio por dentro, algo tengo que distraerme… En fin, que no sé cómo hay madres que dejan así a las hijas, a sus anchas, ¡ea!

INSPECTOR. —¿Lola coincidía mucho con Fernanda?

LA ABUELA. —Lo justo.

INSPECTOR. —Pasamos a Gaudí. ¿Qué le parece?

LA ABUELA. —Un bala rasa. De éste sí me sé algo. Salieron juntos una noche, hace tiempo, Fernanda y el jovencito chulapo. Parece que discutieron y desde entonces ya no se hablaban. El motivo de la discusión se ignora en esta casa... ¡Chitón!

INSPECTOR. —¿Y de Martínez, qué?

LA ABUELA. —Como hombre poca cosa, demasiado fino y educado... (Por lo bajini: «Más sensible que una de mi pueblo, que le dieron un beso y se quedó preñada».)

INSPECTOR. —¿Cómo dice?

LA ABUELA. —Nada, que él no podría hacer daño a nadie... Mi pobre Venancio...

INSPECTOR. —Josefino y Urtain parece que se llevaban muy mal con Fernanda, ¿no?

LA ABUELA. —¡Ah!, no sé. Esos son p oca cosa, dos mozos viejos que van siempre juntos y ensucian mucho los monos de trabajo, no hay forma de *desarguellarlos*. Dos tiparracos de los que se ríe todo el mundo.

(Continúa breves instantes la conversación sin voz. La abuela hace como que no oye o no entiende.)

INSPECTOR. —Ya puede retirarse. Gracias por su colaboración.

LA ABUELA. —No tiene por qué darlas, así me distraigo, a las ancianas y viudas de mutilado de guerra nos hace mucha falta la compañía… ¡Desde que falta mi Venancio, ay señor!, gallardo mutilado de guerra donde los haya… Muchos nos critican por eso, ¡pues que hubiesen sido ellos mutilados de guerra, no te joroba! Adiós. (Sale y entra Martínez tras dar unos golpecitos.)

MARTÍNEZ. —¿Permiso?

INSPECTOR. —Si no me equivoco… ¿Martínez?

MARTÍNEZ. —Exacto.

INSPECTOR. —Le esperaba más tarde.

MARTÍNEZ. —Los nervios, son los nervios. Yo estas cosas cuanto antes mejor. Voy ligero de cuerpo ya de por sí, y dadas las circunstancias…

INSPECTOR. —Muy bien, seré directo: A su juicio ¿quién tenía motivos, no digo legítimos, como para matar a Fernanda?

MARTÍNEZ. —Ni idea. Fernanda hablaba poco, absorbía el silencio. Su rostro denotaba angustia vital… ¡Menuda frasecita me ha salido! Es que soy de oficina… (Se toca con el índice la frente). Parecía ocultar algo muy hondo su enigmático carisma diría yo. Nunca la vi sonreír… Paca no la miraba con buenos ojos, sobretodo desde que perdió a su hijo… Lo mataron en una manifestación subversiva.

INSPECTOR. —¿Y qué tiene que ver una cosa con otra?

MARTÍNEZ. —Eso digo yo, no sé… La abuela es la única persona medianamente razonable en este establecimiento, procura ocupar el rol que le corresponde, el esperado. Los demás, bichos raros, me incluyo yo por supuesto, nobleza obliga.

INSPECTOR. —Explíquese mejor, con tanta verborrea no atino a interpretarle.

MARTÍNEZ. —Pues que la abuela tiene unas salidas seniles de pronóstico reservado. El otro día dijo que igual estaba embarazada, ¡a sus años!, decía; y lo creía firmemente.

INSPECTOR. —¿Qué opina de Juan?

MARTÍNEZ. —En el fondo no es mala persona, sin dejar de ser un cretino en toda regla, aunque no le veo capaz de asesinar.

INSPECTOR. —¿Y Lola?

MARTÍNEZ. —Va detrás de un novio que la haga esposa; y mientras, entre col y col… ya me entiende. Muchos se aprovechan de ella, sexualmente. No sabe lo que la conviene en hombres. Tampoco sería capaz de matar a nadie; empero, no tiene pelos en la lengua, si te tiene que cantar las cuarenta te las canta; y si se cabrea igual te dice que te meterá una navajada trapera… Pero aquí han sido disparos, ¿no?... En mi opinión, su mayor defecto es el no saber distinguir entre un hombre serio y responsable, un novio formal como Dios manda, y un *matao* o un jeta, que van a sacarla los cuartos y si se descuida a hacerle una tripa y si te he visto no me acuerdo.

INSPECTOR. —¿Gaudencio?

MARTÍNEZ. —¿Gaudí?... Ese chico a veces me saca de quicio; se cree el rey del mambo por ser joven y bien parecido. El pobre no es consciente de que todavía es un ser superficial, y ya está en la edad de vivir también hacia adentro… No demuestra sentimientos puros, quiero decir… Un vivalavirgen, un tiparraco, un *play boy* barriobajero que alardea de cada ligue conseguido… ¿De política?, continuamente larga contra el gobierno, siempre anda protestando por cualquier obligación ciudadana. ¡No todo el monte es orégano!... por muy ancha que sea Castilla… Un informal. Con eso no digo que sospeche de él, no; mas tampoco le defiendo. Ni fu ni fa.

INSPECTOR. —¿Y los dos que trabajan en la misma empresa que empleaba a la víctima, Fernanda?

MARTÍNEZ. —No, esos dos trabajan en la siderurgia; va usted confundido con los que trabajan en la fábrica de bolsos: Gaudí y Lola… Estos ceporros son dos aldeanos medio analfabetos, ya podrá comprobarlo cuando les toque entrar aquí con usted. Les falta cultura, modales y cualquier porvenir que no sea ir los sábados por la tarde de alterne… No hace falta que le diga a qué. Y los domingos al fútbol y a merendar a la tasca. Les veo incapaces de hacer nada más, incluido asesinar. Aquí no hacen otra cosa que meterse conmigo; yo ni caso, caso omiso.

(Prosigue el diálogo entre ambos durante unos segundos que quieren señalar más tiempo; pero sin voz. Martínez se muestra excitado y nervioso; apocado.)

INSPECTOR. —Gracias, puede retirarse. Estaremos en contacto.

(Sale Martínez y entra Juan, airoso.)

JUAN. —Usted dirá. Tengo prisa… ¿Ha oído la temperatura en la radio?... ¿Puedo sentarme?

INSPECTOR. —Cero grados, ni frío ni calor…. Naturalmente, siéntese. Dígame quién piensa usted que pudo creer tener motivos como para asesinar a Fernanda y podrá aligerar el proceso.

JUAN. —Nadie. Era una buena chica, quizá algo incomprendida, introvertida acaso. De entre quienes yo conozco, a nadie creo capaz.

INSPECTOR. —¿No discutió nunca con alguien de la pensión?, ¿con usted mismo tal vez?

JUAN. —No… La muchacha era un poco rarilla, ensimismada. Aparentaba estar en otro rollo, apenas hablaba con nadie aquí. En los bolsos no sé… Al saludarla ocasionalmente tenía la impresión de que acababa de salir de la fase REM en un sueño. Los buenos días, las buenas tardes y para de contar… En cuanto a mí, si le interesa, le juro por mis muertos que no tengo nada que ver con el asesinato; y pondría la mano en el fuego, ¿eh?, que tampoco ningún inquilino de esta pensión; incluyendo a las dueñas… Quillo… perdón, usted; yo he trabajado en toditas partes, he sido hasta marinero, y nunca me he encontrado con un caso de este calibre.

INSPECTOR. —Hablando de las dueñas, ¿qué puede referirme de Paca?

JUAN. —Yo creo que le hago tilín, que ella querría que no vivieran mis huesos más que por ella; que no meara por ella, vamos… No se ría no, a veces me afeo la cara y evito compromisos… ¿No dicen que no metas la polla donde tengas la olla? Pues yo como aquí, ¿entiende?… Luego, desde que su hijo se fue al otro barrio no hay quien la aguante, es puro nervio y rencor contra todo lo que le rodea… Con usted a lo mejor se ha comportado educadamente… Ahora bien, aceptémoslo: tiene para todo la pobre… Lo mató la policía; sucedió en una *mani*. Al parecer una bola de goma perdida le dio de bocajarro en los pulsos; ya hay que tener mala suerte, que te disparen a un palmo y te den…

INSPECTOR. —Evite comentarios que no vienen al caso… Su madre nada, ¿no?… ¡la abuela, coño!

JUAN. —¡Ah, la abuela! No, la vieja chocha está para el arrastre, o es de los tontos que hacen tontear, una de dos.

INSPECTOR. —¿Martínez?

JUAN. —Un pobre hombre. Prefiero no hablar de sus problemas personales, no soy psicólogo.

INSPECTOR. —¿Lola?

JUAN. —aparte de ser un *pibón*, una chica normal y corriente; más corriente que normal. Le gusta pegarse a los hombres al andar hasta que se cansa de ellos; un vicio como otro cualquiera.

INSPECTOR. —¿Qué más?

JUAN. —¡Oiga, yo no soy ningún chivato, de eso no espere nada de nada!

INSPECTOR. —¡Cálmese!... Aquí estamos para esclarecer un caso de asesinato, esto no es el colegio, no hay chivatos: Recuerde: han matado a una mujer... Bueno, sigamos. ¿Qué me dice de Gaudí?

JUAN. —El golfo más grande que he conocido; ¡más que la pata un camello!... Ahora que... sí, un día discutieron él y Fernanda, ocurrió en la tasca de la esquina; *chiqueteando*. Fue una noche de sábado. Volvían de juerga, supongo.

INSPECTOR. —¿Usted pasaba por allí?

JUAN. —Sí, pasaba por allí, exacto.

INSPECTOR. —Por último, ¿Josefino y Urtain?... Este último ¿no será familia del boxeador?

JUAN. —No... Son dos aldeanos ignorantes. Van siempre juntos. Trabajadores mucho, auténticos currelas *estajanovistas*; a destajo, a tanto la tonelada o la hora o lo que haga falta. Nunca les vi discutir con Fernanda... ¿Ya he acabado?

(Continúa el devenir del interrogatorio unos instantes; sin voz; con algún aspaviento decoroso.)

INSPECTOR. —Puede marcharse. (Vase Juan. Entra Lola; esperaba asomada al pasillo.)

LOLA. —Buenos días.

INSPECTOR. —Siéntese por favor... ¿Lola? (Toma asiento).

LOLA. —Dolores Fuertes de Barriga, para servirle a usted.

INSPECTOR. —Ya… ¿Quién cree usted que ha matado a Fernanda?

LOLA. —No sé.

INSPECTOR. —¿Paca?

LOLA. —No pienso. La viuda es una rancia y está avinagrada, ahora que… no, desde luego no, no da el tipo.

INSPECTOR. —¿La abuela?

LOLA. —No me haga reír… La vieja alcahueta que se hace la loca para chismorrearlo todo. No, tampoco ella, por muy zumbada que esté.

INSPECTOR. —¿Juan?

LOLA. —No, pero… hubo un altercado una noche; altas horas de la noche. Juan le toco el culo a Fernanda en la tasca de la esquina. La humilló. Fernanda le dio un puñetazo. Lo demás fue desagradable.

INSPECTOR. —¿Acaso presenció la escena?

LOLA. —Volvía con Martínez; me invitó a cenar y a ver un espectáculo… ¿Le parece raro? Le falló la novia de pago y yo fui gratis; por compasión; yo trato a todo el mundo igual.

INSPECTOR. —Hablando de Martínez, ¿No le parece que pudo asesinarla él? ¡Sí, como esos asesinos tipo mosquita muerta a quienes un día les sale la vena psicópata y pam, pam!

LOLA. —Si fuera una película, tal vez.

INSPECTOR. —¿Volvía usted en aquella ocasión relatada con Martínez? ¿No sería con Juan?

LOLA. —Volvía con Martínez, Juan se pegó como una lapa a nosotros; iba curda ya cuando entramos en la tasca.

INSPECTOR. —Vamos a ver, ¿Fernanda discutió con Gaudí o con Juan?

LOLA. —Gaudí también estaba. Juan ganó una timba. Les invitó y se le fue la mano al culo.

INSPECTOR. —Volvamos a Martínez. ¿Salían a menudo ustedes?

LOLA. —Frecuentemente no, sólo en ocasiones y por pena, ya le dije… Un falso, como no se atreve a decirme nada a la cara lo dice por ahí; no le haga caso si le ha comentado que hubo algo entre nosotros. ¡Ni ensueños! Está por mis huesos, y yo estoy en otro camino. Yo trato a todo en mundo igual, ya dije; pero de amor y de deseo, ¡no! Fernanda no le tragaba, a la más mínima insinuación le daba un buen corte de mangas. Martínez se disgustó mucho unas cuantas veces, incluso le saltaron las lágrimas, no entendía el pobre la sinrazón de sus ansias, la imposibilidad...

INSPECTOR. —¿Qué me dice de Gaudí? ¿Pudo haber sido él?

LOLA. —No lo considero. Es un joven guaperas, un adonis en bruto. Su dedicación la absorbe el follar; no le sobra tiempo para matar. En la fábrica, en los descansos, siempre le sale alguna hembra caliente… de todo pelaje, no vaya usted a creer que son de pasarela; y se van al río en la hora del bocadillo, digo, y ¡zas! Entre eso y las juergas mata el tiempo; le viene justo.

INSPECTOR. —¿Tiene conocimiento de si Josefino y Urtain discutieron con Fernanda, o contravinieron con Fernanda en algún asunto?

LOLA. —Nunca que yo sepa, esos van a su bola. Por cierto, cuando les interrogue necesitará un traductor. Si quiere puedo hacerlo yo. Llámeme si lo estima oportuno.

(Sin voz continúa la conversación, cual si fueran puntos suspensivos. El inspector baja la mirada porque Lola intenta insinuarse agachándose de espaldas.)

INSPECTOR. —Lo tendré en cuenta. Muchas gracias, ya puede retirarse.

(Entra Gaudí apenas desaparece Lola por el pasillo.)

INSPECTOR. —Siéntese por favor… (Toma asiento). Se va haciendo tarde, iré al grano: ¿Quién cree que tenía motivos para matar a Fernanda?... Bueno, motivos nunca hay; ya me entiende joven.

GAUDÍ. —¿Eso es lo que pregunta a todos?

INSPECTOR. —Más o menos.

GAUDÍ. —¿Y espera resolver así el caso?

INSPECTOR. —A lo mejor ya lo tengo resuelto. ¡Usted qué sabe!

GAUDÍ. —¿Por qué no le pregunta a la muerta? ¿Por qué en vez de preguntar quién pudo tener motivos, no pregunta qué motivos pudo dar ella?

INSPECTOR. —No es pertinente su observación. Le ruego que se limite a contestar. ¿Entendido?

GAUDÍ. —No, no sé de nadie que tuviera motivos para matar a Fernanda, ni a otra persona. Yo voy de legal por la vida, ¿entiende? ¡De legal!

INSPECTOR. —Hábleme de la dueña de la pensión, Paca.

GAUDÍ. —Una mujer amargada, muy seria y con cara de pocos amigos. Aunque razones tiene. Su hijo no andaba bien del tarro, de la azotea… de la cabeza. Parece ser que el hijo comenzó el cambio leyendo las *obras completas de Ernesto «Che» Guevara*.

INSPECTOR. —Ese libro no pudo haberse editado en España.

GAUDÍ. —A lo mejor de México. Es lo que me han contado de buena tinta, yo llegué más tarde a la pensión. Precisamente ocupo su habitación, la del muerto. ¡Va de retro Satanás!... Al parecer preparó una mochila con lo indispensable para una guerra de guerrillas siguiendo la doctrina del «Che», y escapó monte arriba… Han dejado que corra la voz de que fue muerto por la policía en una manifestación subversiva, no haga caso. No fue tal. Andando por montes y valles pirenaicos se presentó en Huesca y anduvo dando palos entre Monte Aragón y Peña Guara. Una madrugada él logró asaltar a una pareja de guardia civil caminera. Mató a uno de ellos; pero murió a manos del compañero... Después de aquello la tía Paca ya no vive, y lo que más le reconcome es no saber quién inculcó aquellas ideas libertarias de acción directa.

INSPECTOR. —La abuela no haría nada sola; no obstante ¿cree usted que pudo ayudar de algún modo al asesino o asesina?... Vigilando, por ejemplo.

GAUDÍ. —Es una vieja común a las demás... Ésta tiene la manía de esconder la comida, el chocolate y toda clase de dulces, sobretodo. ¡Piensa que nos lo comeremos todo y dejaremos la despensa vacía!... ¡Otra cosa!, me manga los condones; suponía que para tirarlos; pues no, ¡no!, los guarda liados con una goma elástica en el interior de una maleta con lamparones aceitosos que guarda bajo la cama... Aquí se sabe todo.

INSPECTOR. —Ojalá sepan también quién asesinó... ¿Qué me dice de Juan?

GAUDÍ. —Juan es un gran hombre, lo tengo en mucha estima. Yo vine a parar aquí gracias a él. Siempre oí que había que tener mucho cuidado con los andaluces de mundo, gente obligada por las circunstancias a salir de su tierra, gente que ha pasado necesidades, privaciones y calamidades. Sin embargo Juan me sorprendió un día en que entré a un bar con poco dinero. Pensé en pedir una sopa como mucho; sin embargo allí estaba Juan, comiendo en una mesa. Me invitó a un buen menú del día: paella de primero y *escalopines* rebozados con pimientos verdes de segundo, incluido postre, pan, vino y *el completo*: café, copa y puro. Después me dijo que en su pensión había una cama libre. Me presentó a Lola y ésta me colocó donde trabajaba; tenía y tiene chance con un encargado salido. Cada vez que pretende obtener algo de él trabaja la distancia corta, tocar muslo con muslo, cadera con cadera, pecho con pecho... Total que entré a trabajar en la fábrica de bolsos por un calentón de encargado, y hasta hoy. ¿Le parece bien?

INSPECTOR. —No emito juicios personales... ¿Qué me dice de Martínez?

GAUDÍ. —Tiene sus cosas, como todo el mundo; no obstante parece un hombre bueno, educado; un pobre hombre. A mí me da pena. Ha construido en su mente un mundo irreal propio de por vida. Este hombre se está enterrando en vida palada a palada. Me recuerda a cuando vas a ver una película y te parece un tostón; estás deseando que termine la cinta. Pues a mi entender, eso mismo me sugiere la existencia de este hombre, un tostón, y él el espectador que mira el reloj viendo si ya falta poco para que acabe la película. ¡*The end*!... Yo creo que le echa en cara a la vida no haber tenido novia, una novia que le fuera a buscar al salir de la oficina. Ha de conformarse con alquilar prostitutas para dar paseos y llevarlas al cine, y no precisamente al de las sábanas blancas. Debe obsesionarle algún complejo; se miente a sí mismo, la impostura es su hábitat... Cierto día coincidimos en un cine. Yo ya conocía sus historias, de tonto tengo algo, pero poco. Iba delante de mí en la fila de la taquilla para sacar las entradas; él no se percató de mi presencia. Oí que le dijo a la acompañante de pago: «La fila quince querida, ¡no está mal!» y lo dijo con sentimiento, delicadeza y ternura. Después giró y pudo verme; le vi avergonzarse; enrojeció su cara. Se dolió en varas... A la salida le aguardé. Mandé a mi chica a su casa, ya no recuerdo cuál, ¡me salen tantas!, siempre ando atareado con diecisiete... El caso es que, quise irme de juerga con él, animarlo... La puta se despidió y él contuvo el llanto. Nos largamos cada uno por su senda camino de la pensión de la Paca, nuestro simbólico hogar... ¿Cree usted que una pensión puede ser un verdadero hogar?

INSPECTOR. —Tampoco emito juicios sociales... ¿Y Lola, qué?, además de encontrarle trabajo.

GAUDÍ. —La gente la maltrata hablando a sus espaldas. Lo más fino es tildarla de calientapollas. A mí me ha confesado que busca pareja estable, por eso me rechaza. Le aterra la soledad, la sempiterna soledad. A mí la soledad me va bien... Es una chica tan trabajadora como la que más, saca las tareas conforme es debido; ya le puede usted poner un inspector de métodos y tiempos que la cronometre poniendo corchetes, botones, hebillas y trabillas... No mataría a nadie, está demasiado ocupada buscando novio formal y oyendo novelas de la radio... ¡Simplemente María!

INSPECTOR. —¿Josefino y Urtain discutían mucho con Fernanda?

GAUDÍ. —¿Le ha dicho alguien que discutían?

INSPECTOR. —Quizá.

GAUDÍ. —Que yo sepa, nunca... Yo también llegué de una aldea, como ellos; lo que pasa es que ellos son medio analfabetos, no saben ni las cuatro reglas... Si hasta les relleno yo las quinielas, ¡se lían con las «equis»! Y en parte tienen razón, porque siendo el uno y el dos números, ¿a qué obedece meter una letra? ¡Además la equis, una letra tan problemática!

(Continúa durante unos instantes el *bla, bla, bla*; mas sin sonido. Ambos gesticulan.)

INSPECTOR. —Ha dicho cosas interesantes, me ha ayudado mucho. Gracias, ya puede retirarse.

(Sale Gaudí y entra Josefino.)

JOSEFINO. —*¿Quej?*

INSPECTOR. —Buenas.

JOSEFINO. —*Yoyatoi dihpuejto. To la ejmana tgnabando pato... dejndejuego... Amohabé, ¿hejquiejrej?...*

(El inspector se incorpora bruscamente y va hacia el foro; sin salir vocea.)

INSPECTOR. —¡Lola, doña Lola! ¡Venga para acá esa traductora a la voz de ya...! (Aparece Lola, provocativa.)

LOLA. —Encantada de ayudarle. Ya le expliqué.

INSPECTOR. —¿Éste quién es?

JOSEFINO. —*Joej Maia Moaej a ambgna.*

INSPECTOR. —¿Y?

LOLA. —José María Morales la Cambra... Josefino.

INSPECTOR. —¡Ah!, vale... Dígale que vaya a buscar a su compañero Urtain y que entren juntos. Así traduciremos una vez nada más.

JOSEFINO. —Voy a ign yo ya... (Marcha gritando hacia el pasillo). ¡¿Tú dóndej etá Ugntain?!

LOLA. —No, si entender el idioma Español lo entiende; lo que lo habla mal; peor que yo el idioma Inglés... Ha dicho «Voy a ir yo ya... ¡¿Tú, dónde estás Urtain?!

INSPECTOR. —¡No me jodas que es verdad!

(Entran a tiempo para escucharlo, Josefino acompañado de Urtain, mozo recio.)

JOSEFINO. —*¿Quéj dicej?... ¡Aquí tiejnej a Ugntain!*

LOLA. —¿Qué dice?... ¡Aquí tiene a Urtain!

INSPECTOR. —¡Vaya qué bien, tanto bueno por aquí!... Me entran sudores.

LOLA. —Le advierto que lo entienden todo.

INSPECTOR. —Pues a la carrera; abreviemos. Pregunto a lo dos: ¿Cómo se comportaba Fernanda con los demás y con ustedes en particular?

URTAIN. —*¡Toda la ejmana enganchada a la poítica!... ¿No Joejfino?*

LOLA. —¡Toda la semana enganchada a la política!... ¿No Josefino?

JOSEFINO. —*¡Oh! Yo tambiej ejtoy... ¿quej ejtahablando?... ¡Ah, ya ejta!... Ahogna vamo a vejgn... ¡Dejndejjuejgo mejcagona... bognejga!*

LOLA. —¡Oh! Yo también estoy… ¿Qué estás hablando?... ¡Ah, ya está!... Ahora vamos a ver… ¡Desdeluego, *mecágoenla*… borrega!

INSPECTOR. —Me estoy poniendo nervioso. ¿No se estarán cachondeando de mí? Les advierto a ustedes tres que…

URTAIN. —*¿Ej? Yo dej ejo nada, ¡coño!... ¡ Ejquej utej tambiéjn!*

LOLA. —¿Eh? Yo, de eso nada, ¡coño! ¡Es que usted también…!

INSPECTOR. —¡Hombre, coño sí que lo dicen clarito! ¡Ya me he hartado, estos dos que se vayan tomar por el culo!... y sin salir de la pensión hasta que dejen el pitorreo. ¡Tradúzcalo!

LOLA. —¡Oiga, que hablan así de verdad!, pobrecitos.

JOSEFINO. —*Puej ya ejttá… A dejcanagn y punto.*

LOLA. —Pues ya está, a descansar y punto.

URTAIN. —*Yo ejtoy gnejndido; todo e día y toda a jejmana tgnabajando…*

LOLA. —Yo estoy rendido; todo el día y toda la semana trabajando…

(Josefino y Urtain caminan perplejos, dando un rodeo por el foro antes de salir hacia el pasillo. No obstante ellos continúan hablando a sus anchas, indignados. Lola prosigue con la traducción de las últimas frases.)

JOSEFINO. —*¿Dóndej vamo? Mientgna utejd ejta comonu gnejy…*

LOLA. —¿Dónde vamos? Mientras, usted está como un rey.

URTAIN. —*¿Ej ha ido dej abejza?*

LOLA. —¿Se ha ido de cabeza?

JOSEFINO. —*Pejgno tú, tú ¿quej quiejgnej?*

LOLA. —pero tú, tú, ¿qué quieres?

URTAIN. —*¡Tambiejn ej ha utejd aciado... ejtamo toda la ejmana tgnabajando; jodo !*

LOLA. —¡También se ha usted saciado... estamos toda la semana trabajando; jodo!

INSPECTOR. —¡A tomar por culo y van dos! ¡Lo de jodo también lo he entendido!... (Aparte: «Estos me están tomando el pelo»). (Desaparecen ellos; pero antes de hacerlo Lola.) Espere usted Lola... No he dormido bien, cené demasiado anoche. ¿Por qué no me hace un favor... más?

LOLA. —Los que haga falta caballero (insinuándose provocativa).

INSPECTOR. —Usted que se entiende bien con ellos, ¿no querría hacerles en privado las mismas preguntas que le he hecho a usted, más o menos; viene y me comenta?

LOLA. —Ese favor y los que haga falta. (Desaparece por el pasillo.)

(El sr. Inspector queda solo en escena; va de un lado a otro, no para de mirar el reloj.)

INSPECTOR. —Ya han pasado más de diez minutos... (Se acerca al distribuidor que da al pasillo). ¡Lola, Lola, ¿está eso listo o no?!

(Lola llega acalorada; a la carrera.)

LOLA. —¿Le voy diciendo?

INSPECTOR. —Cuanto antes mejor, guapa.

LOLA. —¿Hago un resumen? (Toma asiento frente a él, cruzando las piernas, enseñando el muslo adrede).

INSPECTOR. —Mejor que mejor.

LOLA. —Los dos consideran lo mismo, como era de esperar... Ellos nunca quieren saber nada cuando convocan asambleas en la fábrica o en colegios de curas. Ellos no quieren estar con un pie dentro y con otro en calle. ¡Toda la semana trabajando! Fernanda era de las que decía que no había que hablar tanto de subidas de salarios como de política... Ellos sin embargo opinan, sobre los que dicen que hay que repartir todo entre todos, que son partidos y organizaciones ilegales, que no saben lo que dicen; que ellos trabajan toda la semana. ¡Insisten mucho en ello!... De Paca comentan que desde que le mataron al hijo parece una momia; que antes daba gusto ver lo airosa que se la remiraba subida a una escalera limpiando la parte de arriba de los armarios; imagínese... Y que en la pensión no dan gran cosa para comer considerando lo que pagan... A ver qué más dicen... ¡Ah, sí! sospechan algo de la abuela, una metomentodo que cuando se cabrea dice: «Te voy a matar». De Martínez comentan que es el primer hombre que conocen que presume de tonto... De una servidora cuchichean entrambos que cuando yo servía de criada le daba los cuartos que ganaba al novio de turno como ahorro para la compra de un piso, y que pronto me quedaba sin dinero y sin novio... y usada.

INSPECTOR. —¿Es eso cierto?

LOLA. —Moralmente más o menos… También que he sufrido mucho y que ¡bastante tengo como para preocuparme de matar a nadie! Y que si no he tenido valor para matar a uno de esos novios aprovechados, menos lo iba a tener para matar a una mujer indefensa… De Gaudí que es un joven descarado y que si algún día se pone farruco le van a arrear una trompada para quitarle tanta tontería, porque no tiene ni media hostia…

INSPECTOR. —Vale, ya es suficiente… Lola, ¿le apetece un café?

LOLA. —Lleva usted anillo de casado.

INSPECTOR. —Sí, lástima… Pero es cierto que a veces es mejor un casado con nobles intenciones que un soltero aprovechado, ¿no?

LOLA. —Primero sepárese de su mujer; y luego tomaremos café.

(El inspector acompaña a Lola hasta el pasillo. Divaga en soliloquio el Inspector, gesticulando, haciendo aspavientos. Ella es la candidata para sus ansias de amor. Entra el subinspector.)

SUBINSPECTOR. —No queda nadie más. ¿Ha averiguado algo vivales?

INSPECTOR. —¡Más respeto a un superior, que te avío!

SUBINSPECTOR. —¡Vamos hombre, que somos del mismo pueblo! Sin etiquetas compadre… Al loro colega, ¿has averiguado algo vivales?

INSPECTOR. —¡Sí, mosca cojonera!

SUBINSPECTOR. —Me has dejado en ascuas. ¿El qué?

INSPECTOR. —¡A ti te lo voy a decir, para que te cuelgues la medalla!...

SUBINSPECTOR. —¿Ha sido alguien de la pensión?

INSPECTOR. —Ni sí, ni no, sino todo lo contrario... Tarde o temprano el asesino se delatará.

SUBINSPECTOR. —¿Ha leído usted *Crimen y Castigo*?

INSPECTOR. —¿De quién es? listillo.

SUBINSPECTOR. —Casi seguro de un ruso.

INSPECTOR. —¡De *Fedor Dostoievski*, garrulo! ¿A caso te gusta la lectura? ¿Eres leído?

SUBINSPECTOR. —No, yo prefiero esperar a que saquen la película.

INSPECTOR. —¡Ah!... (Pasea lentamente con las manos a la espalda). Ahora me muevo en el terreno psicológico. Reúname a todos ellos en conjunto, llámeles escopeteado. Les atacaré sin duelo, les voy a meter los puyazos hasta las cuerdas... ¡Menea las tabas!...

(Entran todos, se disponen en la sala.)

INSPECTOR. —Bien, señoras y señores, al menos uno de ustedes anda implicado en el asunto... ¡Martínez míreme!

MARTÍNEZ. —(Nervioso). Si alguien declaró contra mí lo ha hecho en falso y a usted se la ha colado. ¡Yo no la maté!

INSPECTOR. —Hable cuando se lo se lo diga… Fernanda no aceptó ser su novia ocasional, ¿verdad? Herido afrontó la venganza y la mató. ¿No es cierto?

MARTÍNEZ. —(Temblando, lloriqueando). Yo no tengo nada que ver… Esto es muy injusto. ¿Por qué a mí? ¿Por qué tanta perversión gratuita contra mí?

INSPECTOR. —¡No mienta!

GAUDÍ. —¡No está mintiendo!

SUBISNPECTOR. —¡A callar! (Le da un sopapo a Gaudí). ¡Tú qué sabrás si miente o no, mameluco!

GAUDÍ. —¡Usted no tiene derecho! ¡Y yo tengo mis derechos! (Recibe otro sopapo. Gaudí se achanta ante el silencio contenido del resto de convecinos).

INSPECTOR. —¡Cállese y siéntese!

(Suena el teléfono —sujeto de la pared—. El subinspector lo descuelga):

SUBINSPECTOR. —¿Cómo dice?... A sus órdenes. Ahora mismo se pone al aparato… Es el Jefe Superior; que se ponga.

INSPECTOR. —¿El jefe en persona al teléfono? ¿Qué quiere?

SUBINSPECTOR. —(Manteniendo tapado el audio con una mano). No lo ha dicho. (Le pasa el auricular.)

INSPECTOR. —¡Hola!... Al aparato... Sí. Pero ¿ya?... Vale, vale; ahora mismo acudo a su despacho... Señores, terminó el interrogatorio casi antes de comenzar. Vayan a su libre albedrío. (Circulan. Quedan los dos policías.)

SUBINSPECTOR. —¿Qué cosa es esta compadre? ¿Qué significa esto?

INSPECTOR. —Creo que lo que me temía. Ya veremos. De momento nosotros le vamos a dar carpetazo a este caso.

SUBINSPECTOR. —¡Joder, hay una víctima, se ha cometido un asesinato; no lo comprendo!... Ahora que, donde manda el amo se ata la burra, ¡aunque se ahorque!

INSPECTOR. —Somos unos mandados....

NUEVA ESCENA: (EL INSPECTOR Y EL JEFE SUPERIOR DE POLICÍA EN EL DESPACHO DE ÉSTE).

(El Jefe gesticula como si hablara y el inspector asiente. De repente se oye la conversación):

JEFE SUPERIOR. —Nos pagan para obedecer, cada uno en su categoría, no precisamos comprender, y de ninguna manera podemos exigirlo, ni usted a mí ni yo a quien me ha dado la orden... Sin embargo haré una excepción con usted, ya que le considero mi delfín natural en esta ciudad. Sabrá bien pronto que marcho a Madrid, al ministerio, allí asumiré una gran responsabilidad en el nuevo cargo y no me hago a la idea de dejar la labor hecha aquí; y como resulta que no sé si podré contar con mi sucesor, sí querré que un nuevo comisario, usted, considere para bien la lealtad hacia mi persona; no por mí, claro está, no es algo personal, sino por la labor bien hecha durante tantos años en esta madriguera... si es que se le puede llamar así; ¡que sí! Por ello le contaré en confianza cuanto yo sé: Le he enviado a usted esta mañana, sin dilación, al lugar del crimen, ¿eh?, ante al posibilidad de que la asesinada fuese, ni más ni menos, que policía. Sí, de los nuestros. Un topo en la organización terrorista. La duda ya ha sido resuelta. Gracias a Dios no ha sido el caso, sino lo contrario: una activista fuera de circulación a la que alguien le ha dado matarile. A saber...

INSPECTOR. —Pero señor, no resultará difícil averiguar quién la mató.

JEFE SUPERIOR. —Quizá. Lo que no resultará sencillo será probarlo... Además, una bolchevique separatista más o una separatista bolchevique menos, ¿qué nos importa? ¿Hay que hacer justicia, o qué?

INSPECTOR. —No ya por eso, sino por que somos policías... Siempre dije que un buen policía lo es por convicción, independientemente del orden político...

JEFE SUPERIOR—¡Pare el carro!¡Esto es una guerra!... Es usted un idealista. Futuro comisario, no me acalore. Además, no se compadezca de según y quién cae en la guerra.

INSPECTOR. —¿Compadecerme?... ¿Yo?

JEFE SUPERIOR. —¡*Yes*!... Si se lo digo en inglés. Es usted un idealista que se compadece de las desgracias ajenas... Me recuerda a mí con su edad… Luego, todo el alambique aparece más diáfano en su complejidad…

INSPECTOR. —Por casualidad sabe también cómo sucedió.

JEFE SUPERIOR. —Por casualidad precisamente no… Olvídese del asunto, sus propios errores en el pasado mataron a Fernanda… Muchos de quienes habitan en esa pensión son renegados de la banda terrorista, incluido nuestro topo, lo finge, hizo el trabajo de enrolarse y luego salirse llevándose algún miembro al lado seguro del abismo. Nuestro topo no era Fernanda, gracias a Dios… Fernanda hablaba mucho donde no tenía que hablar y lo pagó caro. Tras el atentado, por desgracia, en vez de captar más renegados que dejen las armas y la política terrorista; la lucha armada lo llaman ellos; todo nos será más dificultoso en política antiterrorista, los indecisos lo pensarán dos veces antes de pretender abandonar la causa como quien sale del cine porque la película no le gusta. El reclutamiento suele ser más sencillo; en cambio el abandono no es un asunto baladí para este tipo de organizaciones. ¡Los flojos saben demasiado y dan mal ejemplo!

INSPECTOR. —Recapacite señor, sin duda alguien de la pensión tiene que estar también implicado… No tengo duda.

JEFE SUPERIOR. —No busque tres pies al gato, no maree la perdiz, no sea metomentodo… ¿No tenía usted un viaje a *las islas afortunadas*?

INSPECTOR. —Comprendo… Sin embargo…

JEFE SUPERIOR. —Insisto: esa parte del caso no nos interesa.

INSPECTOR. —Forzosamente fue alguien desde dentro quien abriera la puerta al asesino; o de lo contrario ya estaba en el interior. Luego el asesino o el cómplice duermen en la pensión. ¿Cómo vamos a darle carpetazo al asunto?

JEFE SUPERIOR. —Parece lógico su argumento; pero no interesa, futuro comisario. Relájese, marche a las Islas Canarias, todavía llegará para arreglar las cosas en su matrimonio... No me mire extrañado, lo sé todo, es mi oficio.

INSPECTOR. —¿Por casualidad?

JEFE SUPERIOR. —Por casualidad precisamente no... Sobre el suceso, diremos que se trataba de un *profesional* que forzó la cerradura. Abrió la puerta, esperó y la mató. Airearemos un ajuste de cuentas. Y por descontado filtraremos que hemos detenido al asesino cuando intentaba cruzar la frontera... *¡Qué solos se quedan los muertos!*, escribió el poeta muerto que está revolucionando a la juventud. Pronto nadie hablará de la tal Fernanda.

INSPECTOR. —disculpe, sigo sin comprender señor. La justicia debe seguir su curso...

JEFE SUPERIOR. —¡Oiga, oiga, pare el carro le dije! Si lo que pretende es que prevalezca la justicia métase fraile misionero, vaya a las misiones, duerma sobre el suelo, dé lo suyo de comer a los necesitados y prepárese a que un día le metan un banano por el culo. Nosotros, la policía, somos muy necesarios en cualquier Estado, en España también. Sin un cuerpo capaz de garantizar la llamada coacción legal, la vida les resultaría muy difícil a los ciudadanos, ¿no cree? Hacemos nuestro trabajo, lo correcto, lo necesario, lo conveniente... Usted ya es mayorcito, debería saberlo... Mire, el referido poeta, advierte que de cada diez cabezas, nueve embisten y una piensa; usted inspector, futuro comisario, me consta que es una de las cabezas que piensan, por eso le quiero a mi lado, tras de mí. Yo espero llegar más lejos, y usted me seguirá; deseo cubrirme del pasado y no puedo confiar en cualquiera. A usted también le irá bien... Hágame caso, eche tierra al asunto. ¡Aquí paz y en cielo gloria!

BAJA EL TELÓN.

SEGUNDO ACTO

(Sobre el escenario una cama, en el centro. Es la habitación de Lola. El cabecero de la cama da la cara al patio de butacas. A derecha e izquierda, una mesilla con cenicero; tras la cama: cuadros, armarios, una mesita y al fondo la puerta de la habitación. A la izquierda del espectador el perfil de un tabique y puerta, por la que se accede al cuarto de baño. Lola y el inspector están dentro de la cana, sentados, apoyadas las espaldas en el cabecero se les ve desnudos de medio cuerpo. Fuman gozosos, sobreentendido que tras consumar el acto sexual por excelencia: la eyaculación en la penetración.)

INSPECTOR. —¡Ah!

LOLA. —¿Ah?

ISPECTOR. —Es un ¡ah! de satisfacción. Espero que haya sido mutua.

LOLA. —¡Ah!

INSPECTOR. —Hablan maravillas del cigarrillo en el café tras los postres; pero no, el mejor cigarrillo es el que se fuma después de hacer el amor... con alguien que quieres, mi niña... ¡Ah!

LOLA. —Pues ¡ah!

INSPECTOR. —Nena, no te pregunto si te ha gustado porque la última vez que hice la pregunta en parecidas circunstancias, la complementaria me espetó sin ambages: «Lo único que he sentido ha sido un fuerte olor a pies.» Y eso duele; tortura el ego y deja señal, ya lo creo…

LOLA. —¡Me ha gustado!… Pero eres casado. Con quitarte el añillo no arreglas nada.

INSPECTOR. —¿No arreglo nada?… Escucha, necesito un milagro, y ese milagro va a concurrir en nuestras vidas, por las buenas o por las manas; o sea, aunque no haya voluntad divina. (Apaga el cigarrillo y la achucha.)

LOLA. —¡Quieto león!… Espera a terminar de fumar el pitillo; es el cigarrillo de cortesía antes de emprenderla de nuevo.

INSPECTOR. —Esto es lo más de lo más de lo más… y debe ser de lo más de lo más de lo más, parecido al cielo; si es que el cielo existe… Nos iremos lejos si tú quieres. Tengo en mi poder unos pagarés de primera; bueno, ¡de primerísima! En cualquier momento puedo hacerlos efectivo. Los compré haciendo un favor a uno de los dueños de mi pueblo venido a menos. Su industria tuvo arreglo y hoy en día es puntera. Ni mis padres ni mi mujer tienen conocimiento de su existencia; actué de *extranjis*, no me hubieran dejado comprarlos. Fue de recién casados… ¿Ves? yo no soy malo. En el cuerpo de policía todo el mundo me repele, caigo gordo; hasta el de mi pueblo me tiene ojeriza. ¡Yo no soy un cabrón, hostia! Simplemente soy estricto… A los hechos me remito. En cuanto haga líquidos los pagarés tendremos lo suficiente para dar la vuelta al mundo y después pensar a qué dedicarnos, dónde escondernos… Me he enamorado. Voy en serio mi niña.

LOLA. —Dame un día…

INSPECTOR. —¡¿Para pensarlo?!

LOLA. —¡No!, para prepararlo todo. Parece la cosa tan vertiginosa, es como un salto al vacío, ¿no?

INSPECTOR. —Apaga el cigarro de una vez amor mío y abrázame.

LOLA. —¡Pulpo!

INSPECTOR. —¿Cuántos millones me quieres?... Eso me preguntaba de pequeño mi madre.

LOLA. —¡Muchos, muchos!... Tengo una tienda de millones para quererte... ¿Eso le contestabas?

INSPECTOR. —Y tú, ¿qué me contestas?

LOLA. —¡Muchos, muchos millones te quiero! ¿Es lo que querías oír?

INSPECTOR. —¿Yo? ¡Yes!, en inglés... Eres mi proyecto de vida, lo he visto claro... ¡Apaga la luz de una vez! (Se apaga la luz).

LOLA. —¡Eh, pocholo, deja de jugar con mi *felisín*!

INSPECTOR. —¿No me dejas jugar con *felisín*? (Enciende la luz.) ¡Pues vamos a la bañera! ¡A la bañera culito, chocho loco! (Le da una palmada en el trasero. Salen desnudos, primero ella, cruzando la puerta de perfil; penetrando al baño).

LOLA. —¿Caigoooo? (Lola salta a la bañera y chapotea el agua).

INSPECTOR. —¿Caigoooo? (Entra el inspector a la bañera, con cuidado para no pisar a Lola; pero también chapoteando).

Nueva escena

(Al levantarse el telón aparece una de las habitaciones de la pensión: una cama con jergón antiguo chirría apenas se mueven los sentados encima: Juan, Gaudí, Josefino y Urtain. Juegan a las cartas; una auténtica timba que montan de vez en cuando. Aportan cada uno un tanto y el ganador se lleva el copo en cada partida. Habla Juan a Gaudí):

JUAN. —¡Te he dicho mil veces que no te tires pedos en mi cama; cabrón!

GAUDÍ. —¡Bronca, bronca, bronca, bronca, bronca! ¿Me has llamado bronca o cabrón?

JUAN. —Joder, chaval, ¿cuándo te va a entrar el conocimiento y la formalidad? Acaban de matar a una camarada y tú como si nada. Si tuvieras una mínima parte de lo que tenía Fernanda... Joder Fernanda, pobre, qué putada.

JOSEFINO. —Detrás iremos el resto; acordaos de lo que os digo, si no, al tiempo. Cuando las barbas de tu vecino veas cortar, pon las tuyas a remojar.

URTAIN. —Era de esperar, la dirección no perdona. En su día nos vimos metidos en un callejón sin salida, y al final nos adentramos en él.

GAUDÍ. —Había dos callejones sin salida; las dos opciones conducían a lo mismo o agravado. Únicamente podíamos escoger entre lo muy peor y lo más muy peor.

JOSEFINO. —A la fuerza ahorcan...

URTAIN. —Eso, a la fuerza ahorcan... ¡Cuánto optimismo acá!

JOSEFINO. —Eso, cuánto optimismo...

JUAN. —Oíd, dejad de tocar los cojones, estáis rizando el rizo con lo de aparentar que sois medio tontos y como dos gotas de agua. ¡Hostia, que sois casi curas; copón de la baraja!

GAUDÍ. —Hablando de baraja: triunfo espadas y arrastro.

JOSEFINO. —El culo con un canasto. (Mata y se lleva la baza.)

URTAIN. —Yo canto veinte.

GAUDÍ. —De ellas comeremos.

JOSEFINO. —Mi compañero canta veinte y yo las cuarenta.

JUAN. —No jode, pero atormenta.

GAUDÍ. —A todos los tontos se le aparece la Virgen.

JUAN. —¡No hijo, no, no cantáis ni veinte ni cuarenta! Estamos jugando al tute, y al tute se canta con el caballo y el rey; con la sota y el rey se canta en el guiñote... Esto tiene mucho que ver con la política, por eso, cuando dicen algunos: «¿No eras tú comunista y nacionalista radical? ¿Por qué actúas así entonces?» hay que responderles: yo soy comunista separatista; pero no soy tonto. Lo primero: el sentido común, y saber si jugamos al tute o al guiñote. En otras palabras: conocer, asumir y aceptar las reglas del juego. Hay que aceptarlas aunque sean inadmisibles... Razones sabias que avalan el suicidio victimista de los ciegos;

puesto que no hay más ciego que el que no quiere ver. Tarde o temprano, quizá ya tarde, los que ahora se postulan acérrimos a la corriente de dirección, comprenderán que el modo terrorista amaga la política para darse contra un muro de hormigón armado. Lánguido suicidio paulatino lo llamaría yo.

JOSEFINO. —Deberíamos separarnos y marchar cada uno por su senda, a ocultarse, a ser nadie… No quiero caer presa del miedo cotidiano, aguardando la sentencia… (Llaman a la puerta.)

URTAIN. —¡Un momento!... ¡¿Quién es?!

JUAN. —Tranquilo, si vinieran a darnos matarile no llamarían a la puerta… ¡Adelante!

(Se abre la puerta y pasa Lola acompañada del inspector.)

LOLA. —Soy yo chicos, el señor inspector me ha pedido que lo conduzca hasta vosotros. Algo querrá. (Aparece el inspector.)

GAUDI. —¡Cuánto tiempo sin verle; lo menos dos días!

INSPECTOR. —Ya… Gracias señorita Lola; luego hablaremos, ahora debo indicarle que abandone la habitación y nos deje solos a los cinco.

LOLA. —¿Me discrimina inspector?

INSPECTOR. —No deje de esperarme en el salón; la invitaré a un café… (Vase Lola meneando el trasero; la coqueta se sube las medias forcejeando con la falda plisada).

INSPECTOR. —¿Jugando a las cartas?

GAUDÍ. —Haciendo un cursillo *Fournier* de naipes, mejor dicho. Pregúntele a *Fournier*.

INSPECTOR. —¡Bravo chaval, no pierdas la moral!... la vas a necesitar. Hablando de cartas, precisamente a eso he venido aquí, a poner las cartas sobre la mesa una encima de otra; ¡las de ustedes!... Las mías las anuncio: llevo el arma reglamentaria cargada y sin seguro. Tengo conocimiento de que no sois monjitas de la caridad precisamente. A quien haga un gesto feo o raro lo frío a tiros; y si son los cuatro igual me da; obtuve un galardón en la academia; en el tiro, claro; arma corta... Vosotros... o ustedes, igual me da, soy *ambidiestro* en el trato... ¿Vosotros sois renegados de las siglas asesinas, no?, como la muerta... Bien, comencemos la plática de uno en uno por orden de edad... ¿Cómo está usted Juan? Desde *Despeñaperros* para abajo emigró con su familia al norte. Condenado a muerte, posteriormente y gracias a la muerte del dictador, es indultado y extrañado al extranjero. ¿Cómo explicará querer volver a la acción armada y subsiguientemente querer salirse? ¿Es usted quien aparenta? ¿O está jugando con esta gente? ¿Va a liquidarlos uno tras otro como hizo con Fernanda, la activista que la organización no quiso o no pudo perdonar? ¿Trabaja usted para la dirección de la organización terrorista? (Los compañeros muestran extrañeza, se mueven mirando a Juan).

JUAN. —Trabajo forrando calderas...

INSPECTOR. —¡Qué cachondo!

JUAN. —Entré en la Organización en los años del Concilio Vaticano (incorporándose). ¡Más libertad!... El papel de los curas de barrio no se ha explicado lo suficiente, machacaron las conciencias de los vecinos con el objeto de introducir la semilla política del independentismo y del odio a España, implicando principalmente a los jóvenes en su discurso ideológico. Más libertad para los que estudiábamos en seminarios… Poco a poco los fui conociendo en la clandestinidad; yo cachorro. Para el inmigrante o hijo de inmigrante, integrarse en la militancia era el salvoconducto en la calle, acababas con las dudas, sentías el respeto del prójimo… Los que dirigen hoy fueron cachorros míos… Vivir para ver. Querrán matarme, apostaría… De jovenzuelo me sentía inseguro aquí, en el norte; y luego, siempre había quien te decía: «¡ojito hacia dónde tiras los pasos; aquí no se puede ser simplemente un antifranquista, ni sólo ser marxista; aquí luchamos por liberar a nuestra patria del yugo español»… Salí del seminario y dejé la Iglesia; allí quedaron el actual obispo e importantes cargos, hoy, de la curia vaticana; especialmente diplomáticos… Vivir para ver… Luego vino el primer muerto; entonces no me extrañó la adulación del cien por cien de las cercanías, que incluye la vecindad más próxima. ¡Qué horror! el «¡algo habrá hecho!»... Después el coche bomba… Nos cogieron… Tras las detenciones conocimos la tortura… Salí vivo. ¿Por compasión? Ni hablar, si hubiesen podido nos hubieran metido un tiro de gracia en los cojones… Tras años, dije adiós a las armas abandonando las peleas internas al otro lado de la frontera… Vivir para ver… El desastre, la manipulación, el horror… Quiero irme a mi tierra, *Despeñaperros* para abajo, donde no me encuentren (llorando)… No espero nada de la política; y no soy anti-nada ya. (Solloza. Toma asiento en la cama. Agarra el mazo de cartas crispado.)

INSPECTOR. —Siguiente, ¿Quién salió antes en el parto de mellizos, Josefino o Urtain?

JOSEFINO. —*¡Yo ejgna dej ejctogn ma gnadica*!

GAUDÍ. —Ha dicho: «¡Yo era del sector más radical!»

INSPECTOR. —¡A la mierda, a mi no me toma el pelo ni mi padre!... que no lo conozco... al biológico. Menos chanza y hable clarito ¡Josefino!

JOSEFINO. —*¡un idej quej agngntgna a tejmpejta*!

GAUDÍ. — *¡Un líder que arrastra hacia la tempestad!*

INSPECTOR. —¡Dile que no soy gilipollas, que estoy hasta los cojones de su farsa y de que exclame cuando habla! ¡Aquí solamente grito yo, hostia!

GAUDÍ. —No hace falta, si entender le entiende. Ya le ha entendido; cuente con ello, hombre; no se acalore.

JOSEFINO. —*A fin   hej tejnido quej ejpagnagnmej de compgnomio a matagn. Mej fui con a ejciión... oo pagna podejgn dognmign in cupa o con a conciencia meno doida,*

GAUDÍ. —*Al fin he tenido que separarme del compromiso a matar. Me fui con la escisión... sólo para poder dormir sin culpa o con la conciencia menos dolida.*

JOSEFINO. —*Aún ejncima dicejn quej aiento a o vioento.*

GAUDÍ. —*Aún encima dicen que aliento a los violentos...*

JOSEFINO. —*Aquej ejcuejtgno con o pitolejgno mej magnco.*

GAUDÍ. —*Aquel encuentro con los pistoleros me marcó.*

JOSEFINO. —*Ej impogntaba a fuejgnza, a ucha agnmada, no o voto.*

GAUDÍ. —*Les importaba la fuerza, la lucha armada, no los votos.*

JOSEFINO. *Quiej gnompej ejquejma; pejgno hubo otgno mejognej con mejntigna; dipagnatej; egnognej... tgnapichejo.*

GAUDÍ. —Traduzco: *Quise romper esquemas; pero hubo otros mejores con mentiras, mentiras y más mentiras; disparates, disparates y más disparates; errores, errores y más errores... trapicheos.*

JOSEFINO.—*Ej pitoegno ej un sejgn quej abgnej la puejta hejmejticamejtej. ¿Abgnej o ciejgngna? ¿Cómo? Ej puejdej cejgngnagn, no abgnign. E pitoejgno ciejgngna hejmejticamejtej, no abgnign. E pitoegno abgnej hejmejticamejtej; e fata un hervor.*

GAUDÍ. —*El pistolero es un ser que abre las puertas herméticamente. ¿Abre, o cierra? ¿Cómo? Se pede cerrar herméticamente, no abrir. El pistolero abre herméticamente; le falta un hervor.*

JOSEFINO. —*Gejnejgnación huejca.*

GAUDÍ. —*Generación hueca.*

JOSEFINO. —*Fgnacao ej a nejgociacionej... No o opogntamo.*

GAUDÍ. —Fracaso en las negociaciones... No lo soportamos.

JOSEFINO. —*Cagnta magncada. Hay miejdo.*

GAUDÍ. —*Cartas marcadas. Hay miedo.*

INSPECTOR. —¿Alguien tiene una aspirina? Me está entrando dolor de cabeza... Dejaré al otro lenguaraz para el final. Vamos, casi guapo, ¿eh Gaudí?... Usted, o tú, como te pase por los cojones... Usted comenzó en el sindicato de estudiantes dando por culo tanto como pudo. Becado e inteligente terminó derecho en tres años, se colegió y se hizo con la vacante de abogado en un despacho laboralista; dando por culo tanto como pudo también. ¿*Okay*? Más tarde en cambio, y siendo todavía un pipiolo, aflojó y pasó a abogar por el cese de la lucha armada, o lo que es lo mismo: por la desaparición de la organización... ¿No comenta usted nada guaperas? ¡Vamos, largue por esa boquita!

GAUDÍ. —Confundimos una guerra civil con el recuerdo de una guerra civil. Generamos un ambiente oscuro y hostil contra los colores de una bandera odiada. Habitábamos en una mezcolanza de obrerismo, nacionalismo y radicalización. ¡Fueron tiempos de torturas y muertos sin sentido!, festival de locura a sangre y fuego, como a bayoneta calada... El coche estalló... ¡Oh, aquellos tiempos de puridad étnica!; desde la cocina a las costumbres de la calle. Al fin y al cabo: soberbia letal en pos de una secta, crear una secta de dos millones de personas, hacer de un pueblo una secta... Y tuve miedo al tomar la determinación: despedida y cierre... Hubo un tiempo de política y un tiempo para la política. Luego quedó solamente el peligro de hablar después de haber sido comisario político; ¿y esto es posible? El cuerpo yerto de la camarada Fernanda dijo que no, no es posible. ¿Y ahora qué?... Mirar para otro lado. Ya he salvado muchas campanillas. En la fábrica de bolsos creí estar a cubierto... Todo porque los presos quisieron someterme y rechacé la cruda crueldad... Por lo demás, yo no tuve problemas de conciencia de lo anterior; era muy joven. Aparte, la lógica militante no comprende la política sin acción, no huele el fracaso... ¿Negociar? ¡Qué bobada!, nadie negocia, la negociación no existe salvo en la rendición... Ahora somos una seria amenaza, otros y yo. Rompimos una clandestinidad y nos situamos en otra aún más constreñida... ¡No me gustan las *españas negras* vengan de donde vengan! ¡Ni por la independencia!... En estos momentos mis camaradas y yo mismo nos encontramos en la más absoluta orfandad; pero no crea, no hemos cambiado ni variado un ápice nuestro ideario político; yo por lo menos no seré nunca un liberal del momento... Acaso hubiera sido un liberal de los de James Stuart Mill... No sabe de qué le hablo, no tiene ni pajolera idea, la cultura general y política de un *poli* no debe ser la hostia.

INSPECTOR. —¡Es la hostia en bicicleta!... No soy tan listo como usted; ahora bien, mírese: ¿Para qué le ha servido ser tan listo?

GAUDÍ. —A usted para comer. (Recibe un guantazo *ipso facto*.)

INSPECTOR. —Tiene usted muchos botones, demasiados... Cambio de tercio. No se haga el remolón Urtain, el otro palurdo que llegó del pueblo, de la aldea o del caserío; y que mira por donde trabajó también en un bufete de abogados después de salirse de cura con la carrera de derecho terminada, igual que su mellizo... Y como empieces a hablar en el lenguaje de éste, tu alter ego Josefino...

URTAIN. —*¡Pejgno ej vejgnda, jodejgn!*

GAUDÍ. —*¡Pero es verdad, joder!*

INSPECTOR. —Que sea lo que Dios quiera, no quiero enfadarme, larga en esa jerga de tonto del higo lo que quieras.

URTAIN. —*Yo uno ma ejtgnej a juventud dejcontejta quej pgnopicio ej gnadicaimo y a influencia magnita leoninita... A mejmognia hitognicano ej ovida.*

GAUDÍ. —*Yo uno más entre la juventud descontenta que propició el radicalismo y la influencia marxista leninista... La memoria histórica no se olvida.*

INSPECTOR. —¿No se estará saltando usted algún matiz?; traduce muy de seguido, ¡oño!... Mira qué bien, ya parece que le voy cogiendo el tranquillo a este idioma.

URTAIN. —*Mei cgniej con obgnejgno catellano, ej a indtgnia.*

GAUDÍ. —*Me crié con obreros castellanos, en la industria.* Se refiere a la zona industrial.

URTAIN. —*A baej dej ejfuegnzo aquej do licejciatugna y a cagngnegna dej acejdotej, a gnejgamejntagnia, a dej nuevej año: cuatgno pagna abegn pegdign y cinco pagna no dagn. Quitado ejto, uno ma ejntgnej mucho dej a adeja.*

GAUDÍ. —*A base de esfuerzo saqué dos licenciaturas y la carrera de sacerdote, la reglamentaria, la de nueve años: cuatro para saber pedir y cinco para aprender a no dar. Quitado esto, uno más entre muchos de la aldea.*

URTAIN. —*Hoy ejn día tejno quej hacejgnmej ej tonto y tgnabajagn a omo caiejtej toda a ejmana.*

GAUDÍ. —*Hoy en día tengo que hacerme el tonto y trabajar a lomo caliente toda la semana.*

URTAIN. —*Mi ejpignitu y mi intejiejcia, pgnonto compgndiejgnon quej o ma ugnejtej ejgna a gnejviion hitognica dej nuejtgnaucha agnmada, dej nuejtgna poitica...*

GAUDÍ. —*Mi espíritu y mi Inteligencia, pronto comprendieron que lo más urgente era una revisión histórica de nuestra lucha armada, de nuestra política...*

URTAIN. —*Compgnomio dejciivo con la coejtividad: ¡pacto!, ¡pacto!, ¡pacto!*

GAUDÍ. —*Compromiso decisivo con la colectividad: ¡pactos!, ¡pactos!, ¡pactos!*

INSPECTOR. —¡Jodo qué mitin!

URTAIN. —*Oy dej cafej con ejchej pagna dejayunagn; humidej, tgnabajando y estudiando toda la ejmana dej jovejn...*

GAUDÍ. —*Soy de café con leche para desayunar; humilde, trabajando y estudiando toda la semana de joven...*

URTAIN. —*Pagna llejgagn con Josefino a ejto: a tgnabajagn toda a emana a omo caiente...*

GAUDÍ. —*Para llegar con Josefino a esto: a trabajar toda la semana a lomo caliente.*

INSPECTOR. —¡Pues Josefino lo ha dicho bien, *mecagüen la*; ya me he dado cuenta!

GAUDÍ. —Es que es nombre propio; en los nombres propios no tienen problemas ambos, siguen la gramática al dedillo.

INSPECTOR. —¡Que me *cagüen la*, digo!

GAUDÍ. —¡A lo mejor...! A lo peor quise decir, ellos sufrieron cierto tipo de torturas en interrogatorios clandestinos, prácticas que dejaron huellas irreversibles: taradas sus cuerdas bocales. ¿Acaso no ha oído hablar del terrorismo de Estado?

INSPECTOR. —Pues yo soy del *cuerpo* y nunca oí nada igual.

GAUDÍ. —Usted pregunte y yo traduciré; pero pido un respeto para con mis compañeros de fatigas, otrora camaradas.

INSPECTOR. —Paso. Adelante con lo que tengas que decir, Urtain, y si me hablas con las orejas, ¡vaya bien la cosa! (Le hace un gesto para que prosiga).

URTAIN. —*In divejgntignmej; ejia pgnejna clandestina dej otgno ado....*

GAUDÍ. —*Sin divertirme; leía prensa clandestina del otro lado...* Parece que continúa hablando de sus primeros tiempos.

URTAIN. —*Mi mudo eaapoiticaobea sopotado entemendo iofisiante.*

GAUDÍ. —*Mi mundo era la política obrera; soportando el tremendo odio asfixiante.*

URTAIN. —*No ejchamo a montej ejn un momento dado.*

GAUDÍ. —*Nos echamos al monte en un momento dado.*

URTAIN. —*Un pobgnej obgnejgno, a pgnimejgna victima. ¿Pogn quej? Tej pgnejguntas a mejnudo.*

GAUDÍ. —*Un pobre obrero, la primera víctima. ¿Por qué? te preguntas a menudo.*

URTAIN. —*Ejn mejdio de a ucha pogn ej podej; ej combatej.*

GAUDÍ. —*En medio de la lucha por el poder; el combate.*

URTAIN. —*Dejpuej quiimo contgnuign, hablagn y nejgociagn...*

GAUDÍ. —*Después quisimos construir, hablar y negociar...*

URTAIN. —*Ago habgna quej no podamo ovidagn jamá: ejgañagn.*

GAUDÍ. —*Algo habrá que no podamos olvidar jamás: engañar.*

URTAIN. —*Pogn fin, ggnavíimo dejejncuejntgn...*

GAUDÍ. —*Por fin, gravísimos desencuentros...*

URTAIN. —*No fuimos compaivo.*

GAUDÍ. —*No fuimos compasivos.*

URTAIN. —*No fuimo. Tejnian miejdo a la ejciión.*

GAUDÍ. —*Nos fuimos. Tenían miedo a la escisión.*

URTAIN. —*¡¿Opogntunimo?! ¡Noooooooooooooo! Pejdagogía dej gnejconocimiejto dej otgno*

GAUDÍ. —*¡¿Oportunismo?!... ¡Noooooooooooooo!, pedagogía del reconocimiento del otro.*

URTAIN. —*Gnepuejta: pgnamatimo y gnadicaidad...*

GAUDÍ. —*Respuesta: pragmatismo y radicalidad...*

URTAIN. —*A capua pgnejfiejgne un jejfej dej comando manejjablej; y un ejvidogn: pagnejja dej hejcho...*

GAUDÍ. —*la cúpula prefiere un jefe de comando manejable; y un servidor: pareja de hecho...*

URTAIN. —*Hejmo tgnamitido e odio a o hijo; ejngañandolo, pogn upueto.*

GAUDÍ. —*Hemos trasmitido el odio a los hijos; engañándolos, por supuesto.*

URTAIN. —*Voy fundido con a maa uejgntej.*

GAUDÍ. —*Voy fundido con la mala suerte.*

URTAIN. —Sufgno a pejgnecución dej quiejn cgnejyó ejn ej fina.

GAUDÍ. —*Sufro la persecución de quien creyó en el final.*

INSPECTOR. —Si queréis os aplaudo; pero con las orejas. ¡No sois en absoluto conscientes de que uno entre vosotros os va a acabar dando matarile a al resto! A ti, sí, a ti y a otros dos más, seáis quienes seáis. No equivocarse chatos, no soy en esta habitación el enemigo, ni mucho menos. En vez de colaborar, me han largado, o me habéis largado, como os pase por los cojones... Me han largado ustedes un rollo *macabeo*, que a lo mejor les interesa a sus mamás, por que lo que es a mí... excuso decirlo... A lo mejor les dejo a su libre albedrío y que se apañen, ya se me han hinchado las pelotas... Me largo (marcha voceando al salir): ¡Lola, Lola...!

JUAN. —¡A tomar por culo! (Recoge las cartas.) Terminó el juego... ¡Esto lo vamos a solucionar ahora mismo! (Incorporándose abre el armario).

GAUDÍ. —¡Tranquilo camarada!... ¿Ibas a coger la pistola?... No nos precipitemos, este *poli* ha dejado un cebo para que nos volvamos locos. Nosotros nos conocemos lo suficiente...

JOSEFINO. —Este tío ha venido a tirarse a la Lola, como tantos, y ha venido hasta aquí para justificarse ante quien sea... Para ellos ha muerto una terrorista, arrepentida o no, qué más les da... ¡Una menos!, pensarán; y tan contentos. No somos personas dignas de compasión a los ojos de nadie.

URTAIN. —¡Josefino, necesitas un psicólogo!... Tiene razón Gaudí, no nos pongamos nerviosos.

JUAN. —Vale camarada, pero... bueno, que lo normal es pensar que efectivamente hubo alguien dentro implicado, si no el propio autor del asesinato; y ata cabos... Salvo los inquilinos nadie conoce la clave de la alarma y cada cual cambia la suya, digo yo... ¿Y a quién tenemos dentro?: una patrona, su madre pirada, un tío imberbe que no sabemos si es maricón o simplemente raro, una ninfómana amiga que busca un novio a quien no le importen los cuernos, y rematan el elenco cuatro pistoleros granados en la lucha armada, nosotros... No machos, la cosa no está tan clara... ¿Quién va a dormir a pierna suelta aquí?

GAUDÍ. —Yo duermo como un lirón.

JOSEFINO. —Pues yo hace más de dos días, desde el asesinato, que no pego ojo... Juan tiene razón, vamos a resolverlo ¡hostia!

URTAIN. —Yo ni cago... desde entonces también.

GAUDÍ. —¿Y cómo hemos de resolverlo?

JUAN. —Solamente hay una manera: Pactemos salir de esta ratonera todos a la vez y si te he visto no me acuerdo. De este modo, si efectivamente hay un infiltrado de la dirección... ya no importará, no va a retratarse ante los otros tres, forzosamente.

JOSEFINO. —¿Y adónde iremos, cómo nos ganaremos la vida?, ¡si ya nos conoce la poli y todo el mundo! No fue fácil encontrar trabajo y acomodo sin levantar sospechas; no encontraremos fácilmente otra fábrica de bolsos ni otro forrado de calderas ni otra fundición donde trabajar a lomo caliente toda la semana sin rechistar, medio escondidos, ocultos tras el hollín, el fútbol de los domingos y las putas menos caras...

URTAIN. —Aquí hay algo muy raro... Si saben quienes somos y que estamos implicados de un modo u otro en actos de lucha armada, que ellos llaman actos terroristas, ¿por qué no nos detienen?, ¡tienen cargos legales contra nosotros!

GAUDÍ. —¡Por que somos unos putos conejillos de indias!... como los cobayas que los psicólogos meten en casitas de madera. ¡Nos ponen el queso en un laberinto y tenemos que encontrarlo!... Sí, y allá arriba hay unos grandísimos hijos de puta con bata blanca que nos miran, toman nota y se descojonan de lo tontos que somos, ¡rediós!...

JOSEFINO. —Durante estos dos días he querido encontrar una probabilidad, otro enfoque que desemboque en una hipótesis nueva sobre el suceso; una vía distinta que hayamos pasado por alto... No consigo conjeturar ninguna que no parezca pura ciencia ficción.

JUAN. —Este tipo, la voz de su amo, quiere que larguemos cuanto sabemos y colaboremos con ellos, a sueldo. Ya verás como más pronto que tarde nos ofrecen veinte monedas de plata, por eso no nos detienen; les servimos mejor así; tiempo al tiempo.

JOSEFINO. —Entonces, ya no me parece tan descabellado escapar de la ratonera. Muerto el perro se acabó la rabia.

URTAIN. —¿A lo loco?

GAUDÍ. —¡A lo loco se vive mejor! (Canturreando).

JOSEFINO. —A lo loco no. Prevengamos. Utilicemos la inteligencia. Los cuatro destacamos en los estudios; no tenemos un pelo de tonto.

JUAN. —El problema reside en que, como en toda ciencia social, el observador forma parte de lo observado, y por tanto puede modificar el devenir de la cosa.

GAUDÍ. —Prefiero jugar a las cartas que filosofar.

JOSEFINO. —Lo he cogido; aquí el sociólogo nos advierte de que, no obstante sea cierto que los cuatro estemos limpios de culpa sobre el asesinato y seamos sinceros y nobles, la circunstancia crítica puede hacer cambiar a uno, a varios o a todos nosotros, tornándose por cierto aquello que en origen fue falso: Ser topos del sector dirigente o del Estado.

URTAIN. —¿Quieres decir que es posible que uno, varios o todos nosotros ideemos salir de esta clandestinidad adhiriéndonos bien a la policía, bien a la cúpula de la organización?

JUAN. —Por ejemplo.

GAUDÍ. —¡No me jodas! Podrías decirlo más claro: que nos vamos a rajar y delatar cuanto sepamos de la organización o bien de este engendro, al mejor postor.

URTAIN. —Eso sin contar con que sea cierto, que, en efecto, haya una manzana buena; buena según para quien; entre las manzanas podridas, renegadas. Somos los renegados.

JOSEFINO. —No importaría eso... Preparemos un plan.

GAUDÍ. —Ideas por favor, ¡tormenta de ideas!... ¡Mi reino por una idea!

JUAN. —Porque te trato como a un sobrino, que si te tratase como a un hijo ya te habría dado un par de soplamocos. Deja de reírte de la situación… No tenemos que avergonzarnos de nada, simplemente somos gente que quiere vivir en paz y olvidar el pasado; un pasado erróneo al cual nos empujaron. ¿No?

URTAIN. —Sí.

GAUDÍ. —Hace tiempo que todo me da igual, me siento muerto de mi auténtica vida y vivo en una vida superficial.

URTAIN. —¡Jodo, no sé de qué te quejas si no paras de fornicar a lomo caliente toda la semana!

GAUDÍ. —Superficial, insisto.

JUAN. —Prepararemos al señor inspector; Lola nos lo traerá a la mano….

JOSEFINO. —Como dijo Sun Tzu, cinco siglos antes de Cristo, *Todo el arte de la guerra se basa en el engaño.*

URTAIN. —Yo me sé otra *chinada*. Sun Bien dijo: *Actúa sólo cuando estés preparado.* (Quedan dialogando. Apenas se les oye cuchichear el plan.)

BAJA EL TELÓN.

NUEVA ESCENA.

(Torna el decorado del salón de la pensión.)

(En la escena aparecen el Inspector y Lola. El inspector abre el balcón y entonces vuelan al unísono algunos pajarillos asustados por el interior de la habitación —pueden ser periquitos o canarios amaestrados—. Los vecinos alcahuetes de enfrente asoman las cabezas. Se oye cantar a los niños en la calle): «¡En el mar hay un pescado que lleva la cola verde, la cola verde, la cola verde; desengáñate Dolores que tu novio no te quiere, que no te quiere, que no te quiere…!» (Cierra el balcón. Ya no se oye cantar a la chiquillería. El inspector se carcajea).

INSPECTOR. —¿Se refieren a ti?

LOLA. —Supongo. Francamente, no me importa. Es Martínez, paga a los chavales. Ese pobre hombre está aislado en su mundo, no quiere perder la oportunidad de tenerme para siempre como acompañante suplente. Ahora será usted quien le pone celoso… ¿Acaso le gusto?

INSPECTOR. —Pues ha dado de plano en la diana, y me alegro… (Se acerca a Lola y la toma por el talle.) Esta noche he soñado contigo. ¡¿Qué nos está pasando?!

LOLA. —¡Suelte pulpo, es usted casado!

INSPECTOR. —¿No quieres ser samaritana del amor para un pobre hombre que asume el que nada tiene sentido alrededor de su vida?

LOLA. —¿Por?

INSPECTOR. —Porque no soy feliz.

LOLA. —¡Sí claro, y te sientes solo y tu mujer no te comprende; no eres feliz y esto y lo otro!... y lo de siempre, ¡caradura!

INSPECTOR. —Visto así... Créeme cuando te digo que no tiene sentido nada de lo que hago en la vida y nada de lo que antes hice; y que no soy feliz es bien cierto. No tengo esperanza de serlo. Chica, sin ilusión y sin esperanza la vida es aburrida.

LOLA. —¿No tiene sentido nada en tu vida? (tomándole las manos; acariciándolas y besando las palmas).

INSPECTOR. —Mi jefe me dice ahora que el mundo es el mundo al revés, que los buenos vamos con los malos; mis padres biológicos me abandonaron a la monja tornera; mis verdaderos padres son materialistas del año la pera... Por no desairarles me casé tal cual dispusieron, yo creo que por aumentar la hacienda... Y también, en efecto, mi mujer y yo no nos aguantamos... Ella no tiene la culpa de lo que pasa, eso es cierto.

LOLA. —No puedes imaginarte cuántas veces he oído letanías tan parecidas...

INSPECTOR. —Ya... ¿Has oído alguna vez aquello de que el amor es anterior al conocimiento?... ¿No? Ello quiere decir: que amas a quien amas antes de haberla, en mi caso haberla, conocido. Yo la amo a usted doña Lola, princesa de bolsos y complementos. Yo ya la amaba antes de conocerla (ella carcajea). Si por casualidad me topara con el genio de lámpara encantada, ¿sabe qué le pediría, doña Lola? (sobándola descaradamente)... ¡Emborrácheme a esta chica, lo demás corre de mi cuenta!

LOLA. —No puedes ni imaginarte cuántas veces, también, me ha sucedido algo tan parecido...

INSPECTOR. —¿Estás dándome a entender que para conseguirte estoy castigado a un milagro o nada?... Sí, necesitaba un milagro... ¡Lo dejo todo por ti en este momento, vámonos juntos, huyamos!... Tengo algún dinero prenda, y recursos que pueden ser reservas bien pronto, ya te dije... Mi mujer quedará en casa de mis padres adoptivos y todo arreglado, ¡la hacienda se salva!... y yo regreso al torno (triste).

LOLA. —¡No tonto, tú conmigo!... Ingenuo, pobre ingenuo, buen muchacho... No me conoces (enciende un cigarrillo). No conocemos a las personas fácilmente.

INSPECTOR. —¡Necesito ilusionarme!... ¡Abrázame también tú!

LOLA. —No quiero aprovecharme de ti, no quiero hacerte daño. No tienes ni idea de con quien estás hablando.

INSPECTOR. —¿No? ¡No!, ¿y qué?

LOLA. —¿Y si te dijera que yo soy rusa?

INSPECTOR. —¡Jajá jajá!... ¿Y si te dijera que ya lo sé? ¿Acaso no soy policía? Pues la policía no es tonta; ve una colilla y dice: «aquí han fumado». Rusa ¿de dónde?

LOLA. —Ukraniana. Todavía rusa. Nací en la ciudad de Chernyvtsi...

INSPECTOR. —Eso es más difícil de entender que la jerga de Josefino y Urtain.

LOLA. —Una pequeña ciudad ukraniana no lejos de Polonia.

INSPECTOR. —Lola no te llamarás entonces...

LOLA. —No. Mi nombre es Lyubov, familiarmente Lvov... Significa literalmente amor.

INSPECTOR. —¡Te llamas amor! ¿Ves, como todo coincide?... ¿Para quién trabajas?, ¿para la KGB?

LOLA. —Forzosamente. Mi hijo enfermó y la operación...

INSPECTOR. —¡Tienes un hijo!

LOLA. —Eso, uno nada más.

INSPECTOR. —¡Y eres como yo, policía! Somos colegas bombón.

LOLA. —No, yo soy médico anestesista. Me reclutaron porque hablo como una española del norte... Mi familia grande adoptó a dos niños españoles, niños de la guerra. Yo nací más tarde, ellos eran para mi como mis tíos. Ya fallecieron. Hablábamos muchas veces en vuestro idioma.

INSPECTOR. —Te obligaron a aceptar el trabajo, naturalmente.

LOLA. —No, yo decidí, a cambio de que mi hijo, enfermo, pudiese ser operado. Costaba un dineral. Son operaciones onerosas para el Estado, que etiqueta como cualitativas... Más bien me obligaron las circunstancias.

INSPECTOR. —¿Y?

LOLA. —¡Pues que gracias a esto salvé la vida de mi hijo! Ahora es un muchachito sano y bien cuidado en el centro de Moscú.

INSPECTOR. —Nos uniremos los tres para ir al Brasil o a donde sea; el dinero también es cualitativo... ¿Y el padre?

LOLA. —El padre nunca fue importante... Mira (señala con los dedos) inspector jefe, aunque me gustes, yo tengo una teoría, la de los dos caminos; yo voy por un camino y tú vas por otro. Tú estás casado... Además, ¿cómo voy a recomponer mi pasado? ¿Cómo protegería a mi hijo, Dimitri, una vez que salgamos corriendo de aquí a la desesperada?

INSPECTOR. —¡Somos un sueño imposible que busca la noche...! (cantando al tiempo que la abraza íntimamente por detrás y besa su melena)... Por cierto: ¿acaso sabes qué hace un tonto como yo en un camino como este?

LOLA. —¿Vas a entregarme?

INSPECTOR. —¿Para qué? Lo sabemos casi todo. La policía no es tonta, ve una colilla y dice: «aquí han fumado»... ¡Somos un sueño imposible que busca la noche...! (canturrea mientras la acaricia reconfortándose)... Ahora déjame solo, tus compañeros de impostura me han dejado en la palma de la mano la solución. No he de irme del caso aun desobedeciendo a un superior, sin conocer la identidad del asesino... o asesina. Si resultas ser tú te perdonaré... (Abre el balcón de nuevo —el vecino al loro—. Otea el exterior). Hay días grises, recuerdos grises, olvidos grises; y luego estás tú. Marcha, anda marcha y prepara tu maleta. Nos vamos amor mío. ¿Lo...? No, Amor, ¿cómo se pronuncia en ruso? *¿Luvó? ¿Luva? ¿Loba?*

LOLA. —¡*Sicur, sicur, sicur, sicur*...! ¿Y tu mujer?

INSPECTOR. —Mi mujer será más feliz sin mí, descuida; y la hacienda, las tierras, estarán mejor llevadas.

LOLA. —¿Y tus hijos?

INSPECTOR. —No tenemos, Dios no nos los ha dado. ¡Anda, ve corriendo! ¡Espera, dame un beso antes! (Lola desaparece a la carrera, echando un beso al aire antes de salir por la puerta de entrada):

LOLA. —Te espero mejor en el bar de la esquina; después haremos la maleta. Tenemos que hablar de muchas cosas antes; sincerarnos, contarnos la verdad a corazón abierto... (Yéndose): No juegues conmigo, amor. También me gustas. ¡No podría soportarlo!

(En inspector se balancea con las manos en los bolsillos; contento, hablando solo, a sí mismo —naturalmente al espectador—):

INSPECTOR. —¡Bien, machote, hoy vas a dar la campanada; el hijo puta de tu padre estaría orgullos de ti, por fin vas a portarte como un hombre, como un auténtico cabrón!... como un aprendiz de hombre, abandonando a los suyos... Es tan difícil ser hombre... Ese Juanito me lo ha puesto a huevo. Si tuviera que apostar apostaría a que él es el topo, uno de nuestros hombres en la organización... ¡Organización!, como dice tu esposa, mi esposa, gritando a todas horas... Inclusero, vas a abrir una nueva puerta en tu vida; es una locura, un a lo loco. ¡A lo loco, a lo loco se vive mejor, sí señor!... Joder, unas colillas, unas putas colillas de tabaco es lo que me va a garantizar desenmascarar al asesino. El asesino o asesina olvidó el simple hecho de mejor no fumar en estos casos, y si se fuma recoger las colillas. Las colillas de un cigarro apagado son como las vainas de las balas. El asesino o asesina también olvidó el hecho de que la policía no es tonta; la policía ve una cigarro apagado, una simple *pava*, y confirma: «aquí han fumado»… Parece ser, si la información que hasta mí ha llegado es cierta, que el asesino ha tenido conocimiento de dónde se hallan escondidas las colillas, que él mismo arrojó sin meditar aquella noche. A las once apagaré las luces y esperaré.

(Va hasta la mesa camilla en penumbra; se agacha, escarba. Toma algo y recula. Aguarda en un rincón. Apaga las luces. Se oye el chirriar de una puerta; pasos andar. Alguien cruza por la sala portando una linterna, va hacia la mesa camilla. Agacha el lomo. El inspector enciende el interruptor de la luz. ¡Oh sorpresa! Se trata del subinspector.)

INSPECTOR. —¡Paco, tú!

SUBINSPECTOR. —¿Sí, don Francisco?

INSPECTOR. —¿Qué haces hurgando bajo el brasero?

SUBINSPECTOR. —¿Y usted don Francisco, qué carajo hace aquí? En comisaría todo el mundo le hacía en las Canarias, asistiendo a la clausura del encuentro internacional de policía y empalmando con una semana de vacaciones en compañía de su mujer, mi paisana.

INSPECTOR. —¡Me cago en la puta!... Paco, cómo has podido... ¡Joder, lo acabo de comprender todo; pero ahora resulta que no entiendo nada!... Paco, ¿qué buscabas bajo el brasero? Y más vale que respondas algo razonable o te capo.

SUBINSPECTOR. —Nada, pesquisas, presentimientos. Los buenos policías no soltamos la presa fácilmente, una víbora nos come las entrañas hasta... A usted don Francisco también le pasará, ¿no?

INSPECTOR. —Exactamente lo mismo, por ello ando aquí... ¡So borde! (saca la pistola de la espalda y la esgrime apuntando al subinspector). Va en serio Paco... ¡Vamos, cuéntalo!

SUBINSPECTOR. —¡No me pasa por los cojones! Así que ata cabos Paquirrín, ¡que ya estoy hasta los cojones de que tú seas en el pueblo don Francisco y yo el Paco o el Pacorro que me corro!

INSPECTOR. —¿Los cabos dices? Tengo los cabos atados. La policía no es tonta, ve una colilla y dice: «aquí han fumando»... ¡Y aquí han fumado! (De la otra mano saca una pequeña bolsa de plástico transparente). ¿Ves?, míralas, son las colillas, lo que tú buscabas pajarito... Aquí han fumado y has sido tú.

SUBINSPECTOR. —¿Yo, por qué?

INSPECTOR. —Ya lo he comentado: porque la policía no es tonta... Confieso que en un primer momento me extrañó verte a ti precisamente, en la trampa, cayendo en el cepo más burdo... He tardado a penas unos segundos en percatarme de la singularidad de la prueba, el botín, el hallazgo. Bastaría con que policía científica dictaminara respecto a las colillas; pero mi...

SUBINSPECTOR. —¿Tu olfato vas a decir?

INSPECTOR. —No, eso es más de la policía canina… Mi instinto iba a decir, y mi instinto avala la sospecha. Macho, la has cagado por snob. Eres el único paisano que conozca que fume marca *LARK*, ¡*LARK*, coño, con su carboncillo metido en la boquilla! ¡Son tuyos, so borde! Venias a buscarlos, ¿qué clase de policía veterano eres tú que te dejas las colillas en el lugar del crimen siendo tú el criminal?

SUBINSPECTOR. —Uno del honroso cuerpo de gilipollas diplomados… ¡Estaba en el otro bando, no acostumbro a guardar mis colillas!… Luego caí; pero joder, las busqué durante la madrugada hasta que viniste tú, y nada… Hoy me llegó la información a cambio de… eso de momento no lo diré si no es en presencia de mi abogado… ¿Vas a detenerme?

INSPECTOR. —¿Vas a explicármelo todo de una vez?

SUBINSPECTOR. —No te lo vas a creer… (gira la cara al balcón. Entran nuevos pajarillos variopintos. Saludan los vecinos de enfrente con un gesto). *Esta es una pensión limpia, barata y decente; además, la regentan familiares de un mutilado de guerra, allí no nos hacen ascos a los de fuera*, me dijeron en comisaría recién aterrizado. Así que nos hospedamos aquí mi Paca y yo, unos cuantos meses, hasta que encontramos piso, lo cual no fue fácil… Ocupábamos la habitación de matrimonio… Pedí este destino porque se ganaba un plus, ¡nos ha jodido, como la mayoría! Si no, ¿qué se me había perdido aquí? Mi Paca se aburría y salía a curiosear al *Corte Inglés*, a matar el día… Yo me perdía por aquí, dejaba al compañero almorzando en el bar de la esquina y me llegaba a estar un rato con esta Paca, mientras la otra andaba mirando bolsos y colonias. Nos liamos a base de bien, no parábamos de fornicar, ¡como animales! No puedes imaginarte qué hembra, ¡cómo untaba!... La mitad del servicio me la pasaba follando con ella en mi propia cama de matrimonio; y en la habitación en general.

INSPECTOR. —¿En la habitación en general?, ¿qué pasa, hacías el salto del tigre desde el armario tal vez?

SUBINSPECTOR. —Jugábamos al escondite en pelonas, ¡no veas cuando abría la puerta de un armario y me la encontraba como dios la trajo al mundo!... Bueno, y eso, lo corriente: el sexo lleva al cariño y el cariño al amor... Fernanda le metió al hijo de Paca las ideas revolucionarias en la cabeza. Fernando, un pobre chaval, un jovenzano que no sé si por ser nieto de mutilado de guerra o por que era algo retraído, introvertido, se creyó a las primeras de cambio el rollo de los pobres y los ricos, y tal y tal, la paja mental de la revolución que le metió Fernanda en la sesera; y sin enterarnos. Tomó las de Villadiego también sin entrarnos.

INSPECTOR. —¡Hombre claro, estabais jodiendo todo el día, cómo os ibais a enterar!

SUBINSPECTOR. —Oye, menos... ya sabes. Tras la muerte del muchachote todo quedó agriado. Ella no vive desde entonces...

INSPECTOR. —¡Tú no follabas y había que cargarse a Fernanda!... ¿Es eso? Claro, lo corriente: el sexo lleva al cariño, el cariño al amor y el amor al asesinato.

SUBINSPECTOR. —Oye, menos... ya sabes, te dije. Pues eso: del sexo al cariño y del cariño al sexo, y de la muerte del chico...

INSPECTOR. —¡A la abstinencia!

SUBINSPECTOR. —¡Vale ya coño!, la quiero de verdad, ¿por quién me tomas?... No dormía yo y no pegaba ojo Paca; esta Paca... A esta Paca se le metió entre ceja y ceja matar a Fernanda. No se lo pude quitar de la cabeza, y al final, me perdí yo... O me perderé si tú me detienes con cargos de...

INSPECTOR. —Continúa relatando.

SUBINSPECTOR. —Al final pude convencerla: lo haría yo. Me pidió que la ejecutara con el fusil ametrallador de su difunto padre, mutilado de guerra...

INSPECTOR. —¡Mutilado de guerra donde los haya, sí señor! Y... ¡por la gracia de Dios!

SUBINSPECTOR. —¡Eso, humor que no falte!... Yo entré aquella tarde-noche a la pensión como siempre, con la clave de ella en la alarma del portero automático. Me aguardaba en su habitación. Paca y yo permanecimos echados en la cama, quietos, sin necesitar hablar. Luego dicen de morir por amor; pero anda que matar por amor...

INSPECTOR. —¡Muy bonito! Motivo por el cual asesinas a una mujer indefensa...

SUBINSPECTOR. —Quien a hierro mata a hierro muere...

INSPECTOR. —Pues toma nota… Hablando de tomar nota, ahora caigo… Gaudí dejó la pista en mis narices al decirme —lee en la libreta—: «¿Por qué no pregunta qué motivos pudo dar ella?»

SUBINSPECTOR. —Conocíamos las costumbres de los parroquianos, y a eso de terminar el parte en Radio Nacional, salí a esperarla a esta sala. Me senté en esa silla, sujetando con una mano el fusil ametrallador bajo el faldón de la mesa camilla. Tardaba en llegar, así que fume uno, dos o tres cigarros.

INSPECTOR. —¡Cuatro!… colillas veo aquí (observa la bolsita).

SUBINSPECTOR. —Quizá… Tú sabes que yo he participado en acciones policiales con fuego real, así que… ¡Pero joder! esto era otra cosa; veía el color sangre oscura de la cajetilla de tabaco LARK y se me iba la olla… ¡A sangre fría!… Del mismo modo que ellos lo hacen y se entrenan… Vale, pues sí, cuando llegó disparé un tiro a bocajarro y luego le di el tiro de gracia, le destrocé la cara. No sé por qué diantres me forjé la idea de que los sabuesos de la lucha antiterrorista reconocerían en el modus operandi a la banda, ¡con semejante boquete en el pecho dar un tiro de gracia!… Total, que antes de volver a la habitación de Paca recogí las vainas y olvidé las colillas. Luego, con el follón bajé las escaleras y me colé en esta sala como policía que llevaría el caso, simulando que venía de la calle. Hice salir a todo el mundo y busqué las colillas, hasta que apareciste tú. Todo lo tenía controlado, incluido mi turno de guardia en *el grupo* y tu viaje a Canarias… ¿Vas a entregarme?

(Aparece Paca, que ha estado escuchando la confesión desde el pasillo; asomando a veces la cabeza. Se pone de rodillas delante del inspector, sollozando.)

PACA. —Señor inspector, déjelo libre a él, he sido yo. ¡Yo la maté porque corrompió a mi hijo! (Paco la levanta airoso.)

SUBINSPECTOR. —No te rebajes Paca, tú no pintas nada aquí, de lo dicho sobre el caso siempre será su palabra contra la mía. Sólo las colillas me delatan a mí. Tú estás fuera… ¡¿Me has oído?!… Sal por favor del cuarto de estar.

INSPECTOR. —Vaya y llame a todos los huéspedes, más tarde veré que decido.

(Regresan Paca y la abuela.)

PACA. —No hay nadie.

LA ABUELA. —Se han marchado todos menos Martínez, que sigue roncando a pierna suelta… ¡Hasta más ver! ¡Se han jopado!

PACA. —MI madre se refiere a que se han marchado definitivamente.

INSPECTOR. —¿Cómo es eso? ¿Seguro?

LA ABUELA. —Y tan seguro, vaciaron los armarios, embalaron sus pertenencias y se dieron el bote hará más de dos horas. La última en marchar fue Lola. No la echaré de menos… Pierden el mes de fianza adelantado por no avisar con tiempo, ¡que se joroben!

INSPECTOR. —No, Lola ha ido a esperarme al bar de la esquina. Ella no. Va confundida señora, los años...

PACA. —Mi madre ha dicho que todos menos Martínez... Los armarios de Lola también están vacíos. Según mi madre, quedaron para después en el bar a recoger los equipajes, allí se despedirían hasta siempre, comenta que les oyó decir.

SUBINSPECTOR. —Ya no estarán. Ella tampoco. Entregué al tal Juan la contrapartida de mi asunto, el de las colillas... Me han engañado, ¡hijos de puta!... Una de las documentaciones correspondía a una mujer. Don *Frasquico*, Lola se la ha pegado con todos los honores.

INSPECTOR. —¡No irán muy lejos, pronto...!

SUBINSPECTOR. —Es documentación de extranjería, no aparecerán en ninguna base de datos de la policía.

INSPECTOR. —¿Documentos extranjeros aportados por extranjería?... ¿¡Qué mafia es esta!?

SUBINSPECTOR. —Hay que tener enemigos en todas partes, hoy por ti, mañana por mí; putada, con putada se paga.

INSPECTOR. —Ya... Quiero ver la habitación de Lola, no creo que estén los muebles vacíos. ¡Andando, delante de mí! (Salen).

(Vuelven enseguida con una nota. En la habitación quedan ellos.)

INSPECTOR. —A la rusa esta de los cojones, además de calentar las pollas, le gustaba la poesía. Mira que nota ha dejado encima de la cama, sin destinatario... (Extiende la mano para que el subinspector la lea).

SUBINSPECTOR. —¿Rusa dices? ¡Ah, que fue puta y la llamaban la rusa!... me lo creo... A ver la poetisa: «Yo te esperaré/ por donde pasa un sueño/ muriendo en vida». «Tú me buscarás/ por donde pasa un sueño/ muriendo en vida.»

(El inspector acercándose al balcón, abre las puertas del mismo y se asoma a la baranda. Hace caso omiso al vecino cabezón que le saluda. Tornan a revolotear pajarillos al interior.)

INSPECTOR. —Paco, ¿crees tú que desde este balcón puede uno suicidarse?

SUBINSPECTOR. —Si lo dices por mí pierdes el tiempo, el suicidio no va con mi forma de ser; si no, a lo mejor me suicidaba.

INSPECTOR. —¡Lo digo por mí!

SUBINSPECTOR. —De cabeza quizá; pero hace falta mucho valor para, desde el segundo piso con principal, cabecear el suelo como si fuera un balón de fútbol... A esa altura, tirándote sin ilusión, de pie o barrigazo, a lo mejor te rompes tibia y peroné; o cúbito y radio; quizá fémur, cadera... como mucho tronco y extremidades sin llegar a los *piños*... Puedes descartar el suicidio exitoso... Bueno, ¿y qué?

INSPECTOR. —¿Qué? ¿de qué?

SUBINSPECTOR. —¡Si me vas a enchironar o no!

INSPECTOR. —Hay miedo al pincho carcelario siendo policía; ¿eh valiente?...

SUBINSPECTOR. —¡No me jodas que me incomodas!

INSPECTOR. —¡Tranquilo!... No hay pruebas suficientes, y la justicia es muy rigurosa en ello ¡garantista!... ¡Además!, sé de buena tinta que no tardaré en ser nombrado comisario en esta ciudad, y necesito... cómo te lo explicaría yo... Lo tipos que progresamos lanzados y que tenemos una vida de la cual sabemos que, aunque azarosa no tiene ningún sentido, necesitamos gente de confianza por detrás que nos guarde las espaldas. ¿Comprendes?... Quiero que seas mi hombre de confianza, ¿entiendes? Putada con putada se paga como bien has dicho; quedas advertido.

(Suena ostensiblemente el teléfono de pared. Paca, que alcahuetea desde el pasillo va en busca del subinspector y salen abrazados, besándose. La abuela acude a descolgar el auricular ante la pasividad del resto.)

LA ABUELA. —¡Mande!... Sí, por casualidad, porque aquí dentro de poco no va a quedar ni el apuntador... Inspector, es para usted. (Mantiene el auricular tapado con la palma de la mano.)

INSPECTOR. —¿Para mí? ¿Aquí para mí? ¿Quién es? ¿Ha dicho si era el jefe?

LA ABUELA. —Exactamente no; pero más o menos sí, porque ha dicho que era su mujer.

INSPECTOR. —¿Mi mujer?... Déme. ¿Si?... ¡Hola querida!... ¿Cómo me has localizado?... Pues me has pillado rematando la resolución de un caso peliagudo... Sí, de aquí al aeropuerto... Sí, no pases pena... Sí, cogeré el primer avión. Sí, en cuanto sepa la hora de llegada te llamo al hotel... Tienes razón, los dos nos merecemos lo que tenemos... No mujer, me refiero a estas vacaciones y lo demás. .. Sí, es lógico... Sí, por supuesto... Sí, faltaría más... Así y de ningún otro modo será, pierde cuidado. La cosa va boyante, tengo un ascenso al caer. Nos vemos pronto.

(Simula que marca el teléfono y habla):

INSPECTOR. —¿Operadora? Póngame con el aeropuerto, quiero saber cuando sale el próximo avión a ninguna parte.

(Quiere reír y le sale llanto con risa.)

(Suena la canción: Somos un sueño imposible que busca la noche...)

FIN

BAJA EL TELÓN